CALIGRAFIA
COM ORTOGRAFIA E GRAMÁTICA

MARCHA CRIANÇA

1º ANO

Maria Teresa Marsico

Professora graduada em Letras pela Universidade Federal do Rio de Janeiro (UFRJ) e em Pedagogia pela Sociedade Unificada de Ensino Superior Augusto Motta. Atuou por mais de trinta anos como professora de Educação Infantil e Ensino Fundamental das redes municipal e particular de ensino no município do Rio de Janeiro.

Armando Coelho de Carvalho Neto

Atua desde 1981 com alunos da rede oficial de ensino e professores das redes oficial e particular do Rio de Janeiro. Desenvolve pesquisas e estudos sobre metodologias e teorias modernas de aprendizado. É autor de obras didáticas para Ensino Fundamental e Educação Infantil desde 1993.

Agora você também consegue acessar o *site* exclusivo da **Coleção Marcha Criança** por meio deste QR code.

Basta fazer o *download* de um leitor QR code e posicionar a câmera de seu celular ou *tablet* como se fosse fotografar a imagem acima.

editora scipione

editora scipione

Diretoria editorial
Lidiane Vivaldini Olo
Gerência editorial
Luiz Tonolli
Editoria de Anos Iniciais
Tatiany Telles Renó
Edição
Miriam Mayumi Nakamura, Vanessa Batista Pinto e Duda Albuquerque / DB Produções Editoriais (colaborador)
Gerência de produção editorial
Ricardo de Gan Braga
Arte
Andréa Dellamagna (coord. de criação), Gláucia Correa Koller (progr. visual de capa e miolo), Leandro Hiroshi Kanno (coord. de arte), Fábio Cavalcante (editor de arte) e Dito e Feito Comunicação (diagram.)
Revisão
Hélia de Jesus Gonsaga (ger.), Rosângela Muricy (coord.), Gabriela Macedo de Andrade, Paula Teixeira de Jesus, Vanessa de Paula Santos, Brenda Morais e Gabriela Miragaia (estagiárias)
Iconografia
Sílvio Kligin (superv.), Denise Durand Kremer (coord.), Ellen Silvestre (pesquisa), Cesar Wolf e Fernanda Crevin (tratamento de imagem)
Ilustrações
ArtefatoZ (capa), Ilustra Cartoon (aberturas de unidade), Claudia Marianno e Roberto Weigand (miolo)

Direitos desta edição cedidos à Editora Scipione S.A.
Av. das Nações Unidas, 7221, 1º andar, Setor D
Pinheiros – São Paulo – SP – CEP 05425-902
Tel.: 4003-3061
www.scipione.com.br / atendimento@scipione.com.br

Dados Internacionais de Catalogação na Publicação (CIP)
(Câmara Brasileira do Livro, SP, Brasil)

Marsico, Maria Teresa
Marcha criança : ensino fundamental I : caligrafia com ortografia e gramática / Maria Teresa Marsico, Armando Coelho de Carvalho Neto. – 2. ed. – São Paulo : Scipione, 2016.

Obra em 5 v. para alunos do 1º ao 5º ano.
Bibliografia.

1. Caligrafia (Ensino fundamental) I. Carvalho Neto, Armando Coelho de. II. Título.

15-11255 CDD–372.634

Índice para catálogo sistemático:
1. Caligrafia : Ensino fundamental 372.634

2017

ISBN 978 85 262 9817 0 (AL)
ISBN 978 85 262 9818 7 (PR)
Cód. da obra CL 739179
CAE 565 541 (AL) / 565 543 (PR)

2ª edição
2ª impressão

Impressão e acabamento
Brasilform Editora e Ind. Gráfica

Os textos sem referência são de autoria de Maria Teresa Marsico e Armando Coelho.

APRESENTAÇÃO

QUERIDO ALUNO, QUERIDA ALUNA,

PREPARAMOS ESTE LIVRO COM MUITO CARINHO ESPECIALMENTE PARA VOCÊ. ELE ESTÁ REPLETO DE SITUAÇÕES E ATIVIDADES MOTIVADORAS, QUE CERTAMENTE VÃO DESPERTAR SEU INTERESSE E LHE PROPORCIONAR MUITAS DESCOBERTAS. ESPERAMOS QUE COM ELE VOCÊ ENCONTRE SATISFAÇÃO NO CONSTANTE DESAFIO DE APRENDER!

ESCREVER CORRETAMENTE E DE MODO LEGÍVEL É MUITO IMPORTANTE PARA QUE NOSSA COMUNICAÇÃO SEJA EFICIENTE. POR ISSO, CRIAMOS A COLEÇÃO **MARCHA CRIANÇA CALIGRAFIA - COM ORTOGRAFIA E GRAMÁTICA**. NESTA COLEÇÃO, VOCÊ ENCONTRA ATIVIDADES IMPORTANTES PARA DOMINAR O TRAÇADO CORRETO DAS LETRAS E ESCREVER COM FLUÊNCIA.

VOCÊ TAMBÉM VAI SE DIVERTIR COM JOGOS, ADESIVOS E MUITO MAIS!

BONS ESTUDOS E UM FORTE ABRAÇO,

MARIA TERESA E ARMANDO

ArtefatoZ/Arquivo da editora

CONHEÇA SEU LIVRO

VEJA A SEGUIR COMO O SEU LIVRO ESTÁ ORGANIZADO.

UNIDADE

SEU LIVRO ESTÁ ORGANIZADO EM QUATRO UNIDADES. AS ABERTURAS SÃO EM PÁGINAS DUPLAS. EM **O QUE VOU ESTUDAR?**, VOCÊ ENCONTRA UM RESUMO DO QUE VAI APRENDER EM CADA UNIDADE.

CAPÍTULO

NOS CAPÍTULOS VOCÊ ENCONTRA DIFERENTES ATIVIDADES.

BRINCANDO E APRENDENDO

ESTA SEÇÃO ENCERRA A UNIDADE. NELA, VOCÊ FAZ ATIVIDADES LÚDICAS.

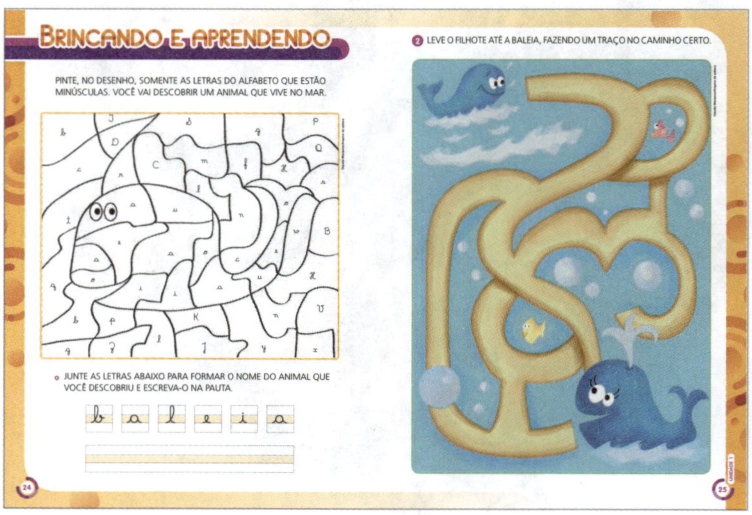

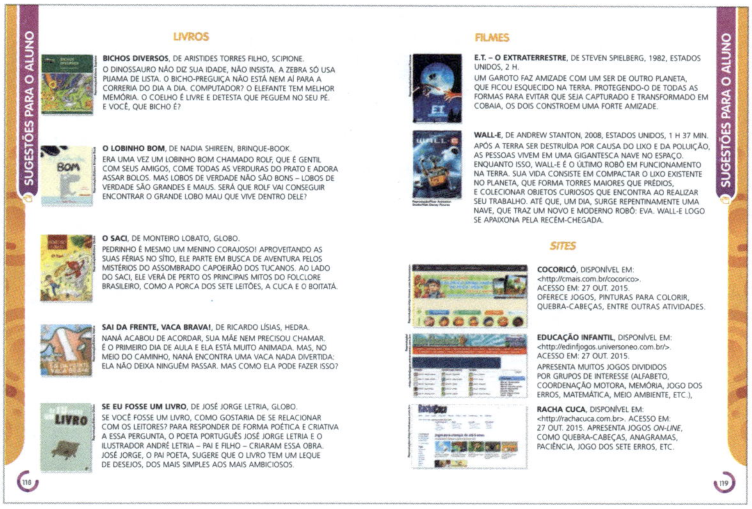

SUGESTÕES PARA O ALUNO

LIVROS

BICHOS DIVERSOS, DE ARISTIDES TORRES FILHO, SCIPIONE.
O DINOSSAURO NÃO DIZ SUA IDADE, NÃO INSISTA. A ZEBRA SÓ USA PIJAMA DE LISTA. O BICHO-PREGUIÇA NÃO ESTÁ NEM AÍ PARA A CORRERIA DO DIA A DIA. COMPUTADOR? O ELEFANTE TEM MELHOR MEMÓRIA. O COELHO É LIVRE E DETESTA QUE PEGUEM NO SEU PÉ. E VOCÊ, QUE BICHO É?

O LOBINHO BOM, DE NADIA SHIREEN, BRINQUE-BOOK.
ERA UMA VEZ UM LOBINHO BOM CHAMADO ROLF, QUE É GENTIL COM SEUS AMIGOS, COME TODAS AS VERDURAS DO PRATO E ADORA ASSAR BOLOS. MAS LOBOS DE VERDADE NÃO SÃO BONS – LOBOS DE VERDADE SÃO GRANDES E MAUS. SERÁ QUE ROLF VAI CONSEGUIR ENCONTRAR O GRANDE LOBO MAU QUE VIVE DENTRO DELE?

O SACI, DE MONTEIRO LOBATO, GLOBO.
PEDRINHO É MESMO UM MENINO CORAJOSO! APROVEITANDO AS SUAS FÉRIAS NO SÍTIO, ELE PARTE EM BUSCA DE AVENTURA PELOS MISTÉRIOS DO ASSOMBRADO CAPOEIRÃO DOS TUCANOS. AO LADO DO SACI, ELE VERÁ DE PERTO OS PRINCIPAIS MITOS DO FOLCLORE BRASILEIRO, COMO A PORCA DOS SETE LEITÕES, A CUCA E O BOITATÁ.

SAI DA FRENTE, VACA BRAVA!, DE RICARDO LÍSIAS, HEDRA.
NANÁ ACABOU DE ACORDAR, SUA MÃE NEM PRECISOU CHAMAR. É O PRIMEIRO DIA DE AULA E ELA ESTÁ MUITO ANIMADA. MAS, NO MEIO DO CAMINHO, NANÁ ENCONTRA UMA VACA NADA DIVERTIDA: ELA NÃO DEIXA NINGUÉM PASSAR. MAS COMO ELA PODE FAZER ISSO?

SE EU FOSSE UM LIVRO, DE JOSÉ JORGE LETRIA, GLOBO.
SE VOCÊ FOSSE UM LIVRO, COMO GOSTARIA DE SE RELACIONAR COM OS LEITORES? PARA RESPONDER DE FORMA POÉTICA E CRIATIVA A ESSA PERGUNTA, O POETA PORTUGUÊS JOSÉ JORGE LETRIA E O ILUSTRADOR ANDRÉ LETRIA – PAI E FILHO – CRIARAM ESSA OBRA. JOSÉ JORGE, O PAI POETA, SUGERE QUE O LIVRO TEM UM LEQUE DE DESEJOS, DOS MAIS SIMPLES AOS MAIS AMBICIOSOS.

118

FILMES

E.T. – O EXTRATERRESTRE, DE STEVEN SPIELBERG, 1982, ESTADOS UNIDOS, 2 H.
UM GAROTO FAZ AMIZADE COM UM SER DE OUTRO PLANETA, QUE FICOU ESQUECIDO NA TERRA. PROTEGENDO-O DE TODAS AS FORMAS PARA EVITAR QUE SEJA CAPTURADO E TRANSFORMADO EM COBAIA, OS DOIS CONSTROEM UMA FORTE AMIZADE.

WALL-E, DE ANDREW STANTON, 2008, ESTADOS UNIDOS, 1 H 37 MIN.
APÓS A TERRA SER DESTRUÍDA POR CAUSA DO LIXO E DA POLUIÇÃO, AS PESSOAS VIVEM EM UMA GIGANTESCA NAVE NO ESPAÇO. ENQUANTO ISSO, WALL-E É O ÚLTIMO ROBÔ EM FUNCIONAMENTO NA TERRA. SUA VIDA CONSISTE EM COMPACTAR O LIXO EXISTENTE NO PLANETA, QUE FORMA TORRES MAIORES QUE PRÉDIOS, E COLECIONAR OBJETOS CURIOSOS QUE ENCONTRA AO REALIZAR SEU TRABALHO. ATÉ QUE, UM DIA, SURGE REPENTINAMENTE UMA NAVE, QUE TRAZ UM NOVO E MODERNO ROBÔ: EVA. WALL-E LOGO SE APAIXONA PELA RECÉM-CHEGADA.

SITES

COCORICÓ, DISPONÍVEL EM: <http://cmais.com.br/cocorico>. ACESSO EM: 27 OUT. 2015.
OFERECE JOGOS, PINTURAS PARA COLORIR, QUEBRA-CABEÇAS, ENTRE OUTRAS ATIVIDADES.

EDUCAÇÃO INFANTIL, DISPONÍVEL EM: <http://edinfjogos.universoneo.com.br/>. ACESSO EM: 27 OUT. 2015.
APRESENTA MUITOS JOGOS DIVIDIDOS POR GRUPOS DE INTERESSE (ALFABETO, COORDENAÇÃO MOTORA, MEMÓRIA, JOGO DOS ERROS, MATEMÁTICA, MEIO AMBIENTE, ETC.),

RACHA CUCA, DISPONÍVEL EM: <http://rachacuca.com.br>. ACESSO EM: 27 OUT. 2015. APRESENTA JOGOS *ON-LINE*, COMO QUEBRA-CABEÇAS, ANAGRAMAS, PACIÊNCIA, JOGO DOS SETE ERROS, ETC.

119

SUGESTÕES PARA O ALUNO

SELEÇÃO DE LIVROS, CDS, FILMES E *SITES* PARA COMPLEMENTAR SEUS ESTUDOS E AMPLIAR SEUS CONHECIMENTOS.

MATERIAIS DE APOIO

ADESIVOS

AO FINAL DE TODOS OS VOLUMES VOCÊ ENCONTRA ADESIVOS PARA COLAR NAS ATIVIDADES DO LIVRO.

PEQUENO ESCRITOR

VOCÊ VAI RECONTAR A HISTÓRIA "JOÃO E O PÉ DE FEIJÃO" NO LIVRETO **PEQUENO ESCRITOR**, QUE ACOMPANHA O LIVRO. PRESTE ATENÇÃO NAS IMAGENS, TENTE SE LEMBRAR DAS VERSÕES DA HISTÓRIA QUE VOCÊ CONHECE E MÃOS À OBRA:

- COMPLETE OS TRECHOS DO NARRADOR.
- COMPLETE OS BALÕES DE FALA.
- ATENTE-SE PARA QUE SUA HISTÓRIA TENHA COERÊNCIA, OU SEJA, TENHA SENTIDO DO COMEÇO AO FIM.

SUMÁRIO

UNIDADE 1

O QUE VOU ESTUDAR?

- ALFABETO, LETRA MAIÚSCULA, LETRA MINÚSCULA
- VOGAIS E CONSOANTES
- ENCONTRO VOCÁLICO

Lendas
Brasil
HORA
DA
HISTÓRIA

PARA COMEÇAR...

SEU RETRATO

1 DESENHE VOCÊ FAZENDO O QUE MAIS GOSTA QUANDO ESTÁ NA ESCOLA.

SEU NOME

2 ESCREVA SEU NOME NO QUADRO E CONTINUE A DECORAÇÃO DA MOLDURA.

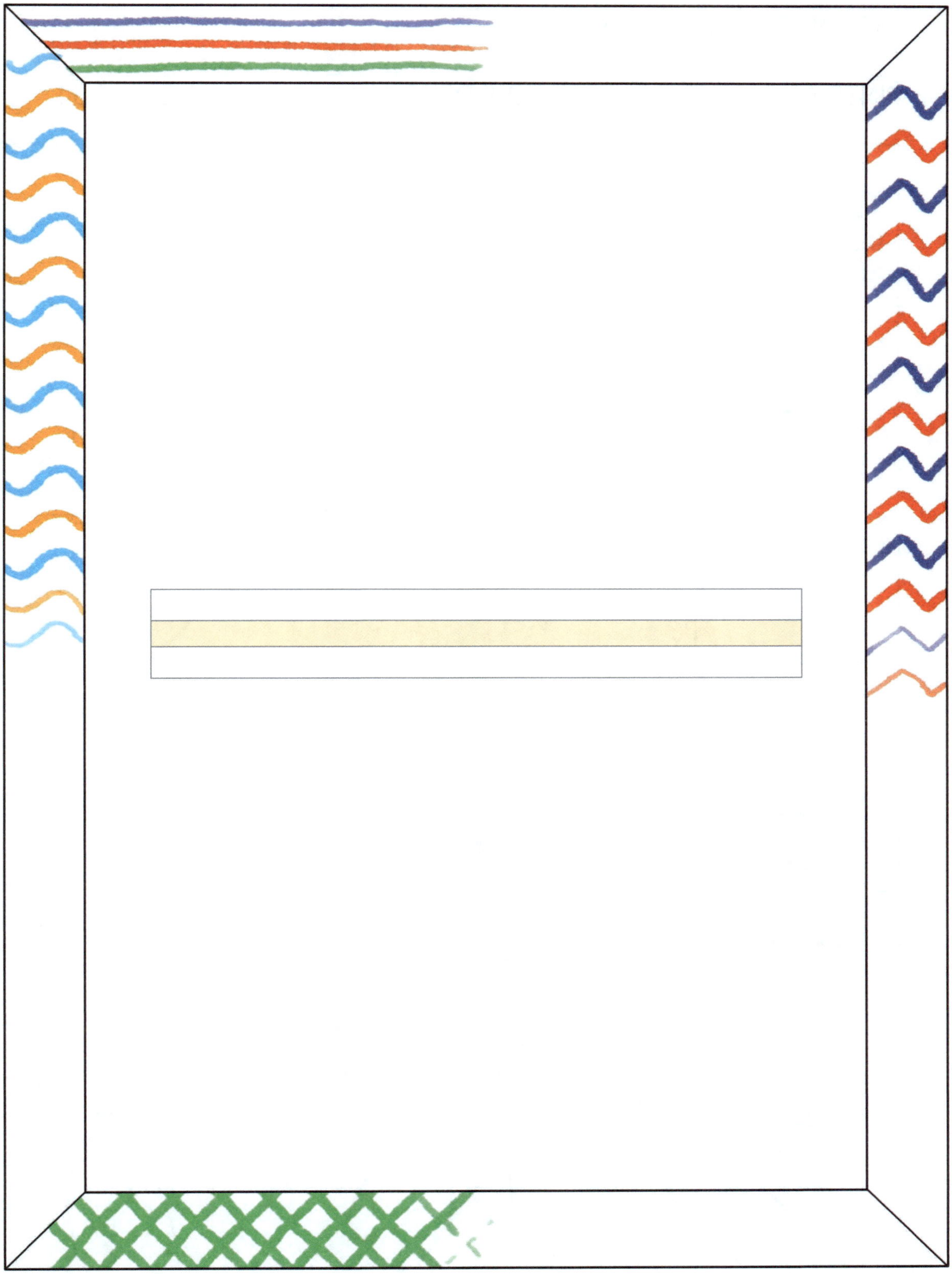

Roberto Weigand/Arquivo da editora

BRINCADEIRAS

3 O QUE É, O QUE É?

É SURDO E MUDO,
MAS NOS CONTA TUDO.

PINTE AS PARTES COM PONTO E DESCUBRA SE VOCÊ ACERTOU.

Roberto Weigand/Arquivo da editora

4 O JOGO DE AMARELINHA É UMA DAS BRINCADEIRAS MAIS ANTIGAS E CONHECIDAS DA NOSSA CULTURA.

COMPLETE E PINTE A AMARELINHA.

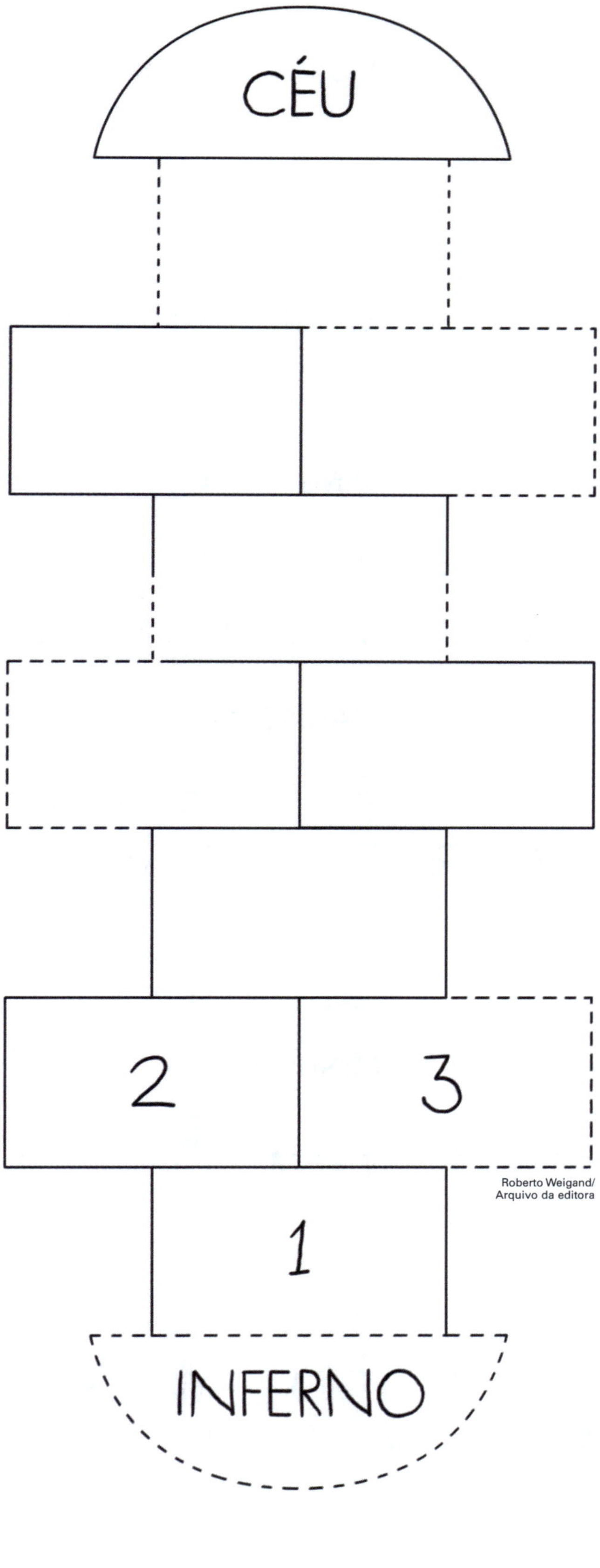

Roberto Weigand/ Arquivo da editora

O ALFABETO

PARA ESCREVER AS PALAVRAS USAMOS LETRAS.

O CONJUNTO DAS LETRAS CHAMA-SE **ALFABETO**.

O ALFABETO DA LÍNGUA PORTUGUESA É FORMADO POR 26 LETRAS. OBSERVE ABAIXO O ALFABETO EM LETRA DE IMPRENSA E LETRA CURSIVA.

LETRA DE IMPRENSA

MINÚSCULA												
a	b	c	d	e	f	g	h	i	j	k	l	m
n	o	p	q	r	s	t	u	v	w	x	y	z

MAIÚSCULA												
A	B	C	D	E	F	G	H	I	J	K	L	M
N	O	P	Q	R	S	T	U	V	W	X	Y	Z

LETRA CURSIVA

MINÚSCULA												
a	b	c	d	e	f	g	h	i	j	k	l	m
n	o	p	q	r	s	t	u	v	w	x	y	z

MAIÚSCULA												
A	B	C	D	E	F	G	H	I	J	K	L	M
N	O	P	Q	R	S	T	U	V	W	X	Y	Z

- CUBRA CADA LETRA SEGUINDO A ORIENTAÇÃO DAS SETAS E CONTINUE COPIANDO.

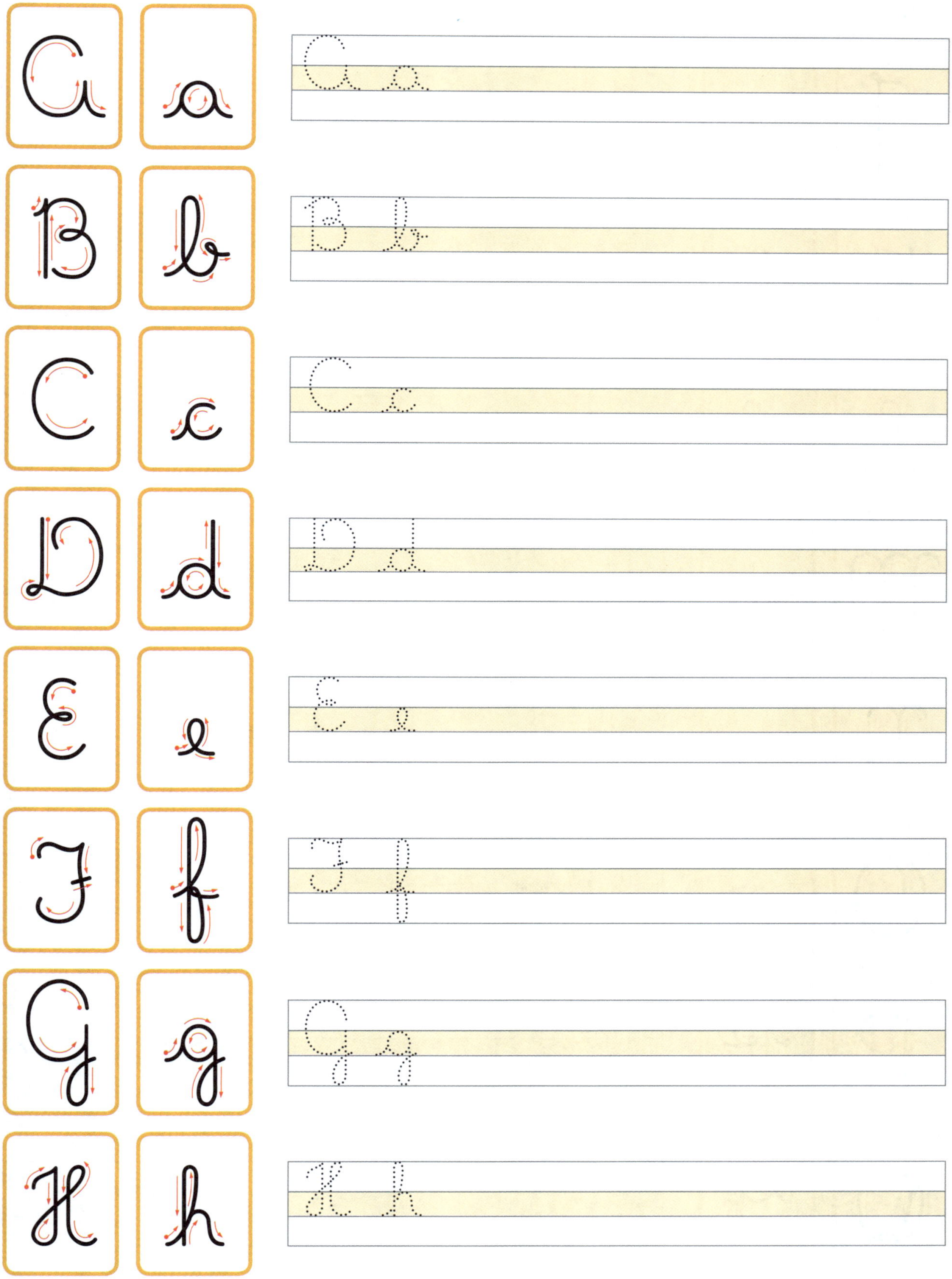

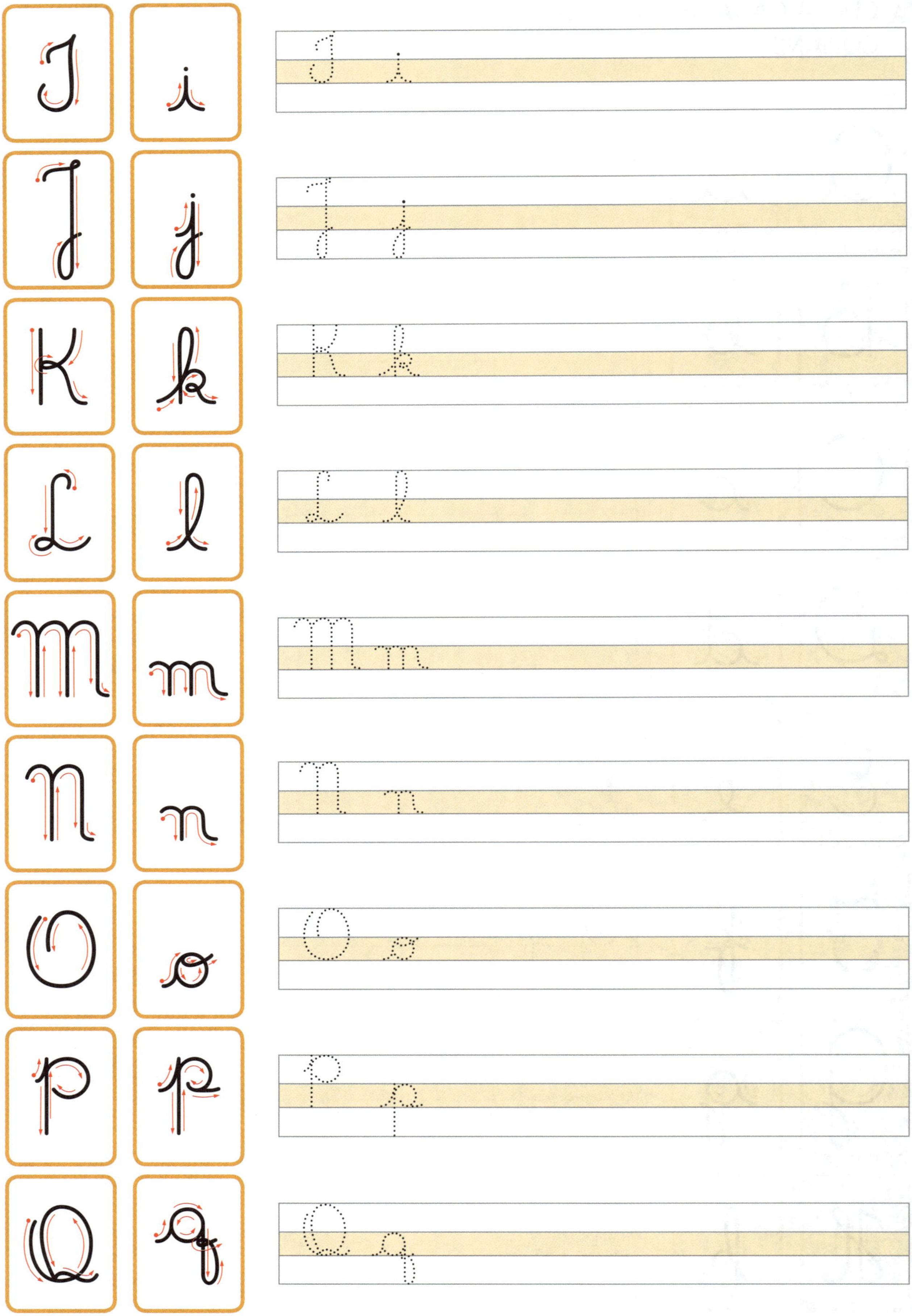

R r

S s

T t

U u

V v

W w

X x

Y y

Z z

AS VOGAIS E AS CONSOANTES

1 COPIE CADA VOGAL SEGUINDO AS SETAS.

Divulgação/Editora Abril

Stella Bogdanic/SXC.HU

Ron Dahlquist/Divulgação/Editora Abril

Michael Lorenzo/SXC.HU

Samuel Rosa/SXC.HU

2 COPIE CADA CONSOANTE SEGUINDO AS SETAS.

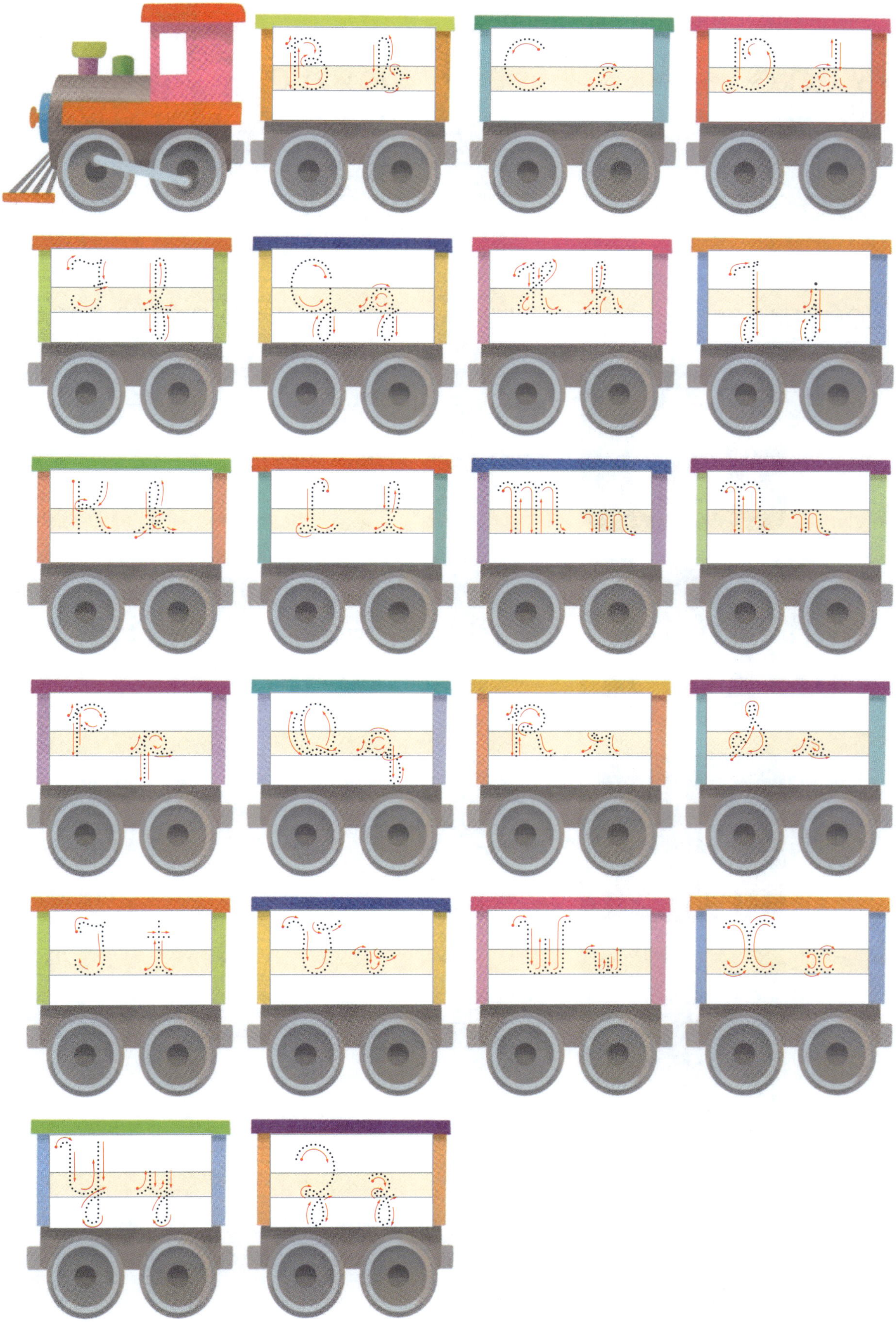

Roberto Weigand/Arquivo da editora

3 LEIA AS PALAVRAS ABAIXO. DEPOIS, ESCREVA NAS PAUTAS AS VOGAIS DE CADA PALAVRA.

figo →

pera →

boca →

tatu →

4 COPIE NAS PAUTAS A VOGAL INICIAL DE CADA NOME DAS CRIANÇAS.

Brand X Pictures

Aline →

Brand X Pictures

Elisa →

Jeffrey Bosdet/Getty Images

Ivan →

BananaStock

Otávio →

BananaStock

Ulisses →

5 LEIA OS NOMES ABAIXO. DEPOIS, ESCREVA NAS PAUTAS AS CONSOANTES DE CADA PALAVRA.

Fábio → ___ ___

Bruno → ___ ___ ___

Tatiana → ___ ___ ___

Paula → ___ ___

6 ESCREVA AS CONSOANTES QUE FALTAM NOS NOMES DOS OBJETOS ESCOLARES.

_ a _ e _ o

Tungphoto/Shutterstock

_ i _ _ o

Laureni/AGB Photo Library/Keystone

_ e _ _ o _ o

Robert Babczynski/Shutterstock

_ á _ i _

Ingvar Bjork/Shutterstock

ENCONTRO VOCÁLICO

1 JUNTE AS VOGAIS E FORME PALAVRAS.

a + i → ____

e + i → ____

o + i → ____

u + i → ____

a + u → ____

e + u → ____

2 LEIA AS PALAVRAS DO QUADRO E OBSERVE AS CENAS. COMPLETE CADA BALÃO DE FALA COM A PALAVRA MAIS INDICADA.

Au!	Ai!

Andrei Nekrassov/Shutterstock/Imageplus

WoodyStock/Alamy/Other Images

3 LEIA AS PALAVRAS E OBSERVE O SOM DAS LETRAS DESTACADAS.

Davide Guglielmo/SXC.HU

pão

Tatiana Popova/Shutterstock/Imageplus

limões

- PINTE O QUADRINHO DAS PALAVRAS QUE TÊM ENCONTRO VOCÁLICO.

Jean Scheijen/SXC.HU

Blinka /Shutterstock/Imageplus

Sergio Dotta Jr./Arquivo da editora

☐ violões ☐ leite ☐ dado

4 COPIE OS NOMES. DEPOIS, PINTE NELES OS ENCONTROS VOCÁLICOS.

coração

mãe

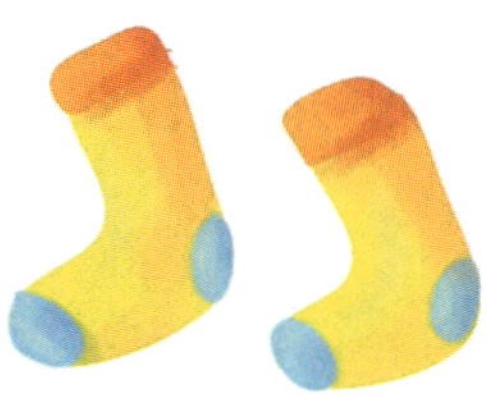

meia

Ilustrações: Claudia Marianno/Arquivo da editora

besouro

BRINCANDO E APRENDENDO

1 PINTE, NO DESENHO, SOMENTE AS LETRAS DO ALFABETO QUE ESTÃO MINÚSCULAS. VOCÊ VAI DESCOBRIR UM ANIMAL QUE VIVE NO MAR.

Claudia Marianno/Arquivo da editora

- JUNTE AS LETRAS ABAIXO PARA FORMAR O NOME DO ANIMAL QUE VOCÊ DESCOBRIU E ESCREVA-O NA PAUTA.

b a l e i a

2 LEVE O FILHOTE ATÉ A BALEIA, FAZENDO UM TRAÇO NO CAMINHO CERTO.

Claudia Marianno/Arquivo da editora

UNIDADE 2

O QUE VOU ESTUDAR?

- SOM DAS CONSOANTES
- FORMAÇÃO DE SÍLABAS

rida amiga,
férias estão
hegando!
Quando
você
virá em
minha casa?

SOM DAS CONSOANTES

b B

b B

Cole aqui o adesivo.

besouro

besouro

1 CUBRA O PONTILHADO E COPIE.

b b b

B B B

ba be bi bo bu

Ba Be Bi Bo Bu

2 LEIA AS PALAVRAS DO QUADRO. DEPOIS, ATENTE PARA AS FIGURAS E ESCREVA O NOME DE CADA UMA, OBSERVANDO A SÍLABA QUE ESTÁ NO QUADRINHO.

bebê	bola	bule
binóculo	banana	

Urfin/Shutterstock

ba → ____________________

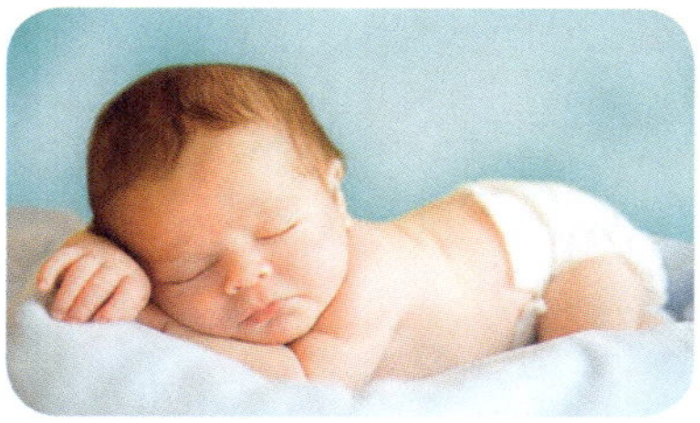

Nadezda Cruzova/Shutterstock

be → ____________________

Feng Yu/Shutterstock

bi → ____________________

Titov Dmitriy/Shutterstock

bo → ____________________

Danny Smythe/Shutterstock

bu → ____________________

c C

c C

Cole aqui o adesivo.

camelo

camelo

1 CUBRA O PONTILHADO E COPIE.

c

C

ca co cu ca co cu

Ca Co Cu Ca Co Cu

2 COPIE AS PALAVRAS E FAÇA UM **X** SOBRE AS FIGURAS QUE CORRESPONDEM A NOME DE PESSOAS.

Ildi Papp/Shutterstock

cocada

Wavebreakmedia/Shutterstock

Carina

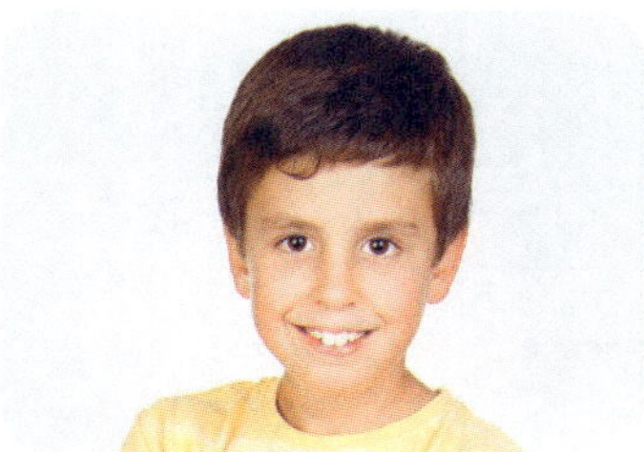

Gelpi JM/Shutterstock

Caio

Focal Point/Shutterstock

cama

3 COMBINE AS SÍLABAS DOS QUADRINHOS E FORME PALAVRAS. ESCREVA-AS NAS PAUTAS.

bi	ca	be	cu	bo	co	ba

d D

d D

Cole aqui o adesivo.

dinossauro

dinossauro

1 CUBRA O PONTILHADO E COPIE.

d d d

D D D

da de di do du

Da De Di Do Du

2 LIGUE CADA FIGURA AO NOME CERTO E COPIE O NOME.

Sergio Dotta Jr./Arquivo da editora

dado

dedo

Xfox01/Shutterstock

cabide

dedal

- AGORA, ESCREVA NOVAMENTE OS DOIS NOMES, DISTRIBUINDO AS SÍLABAS NOS QUADRINHOS.

3 ESCREVA AS SÍLABAS NA ORDEM PARA FORMAR PALAVRAS.

Koosen/Shutterstock

de | do | a | ca

ValiZa/Shutterstock

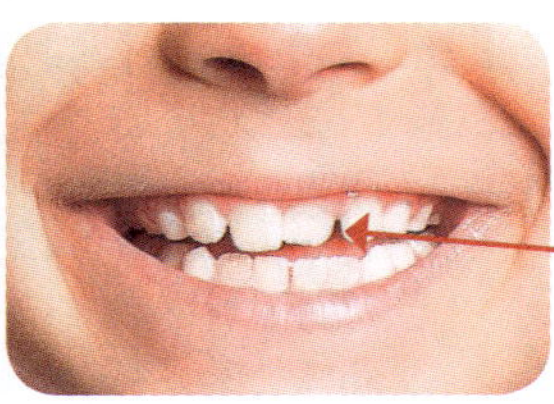

te | den

Valua Vitaly/Shutterstock

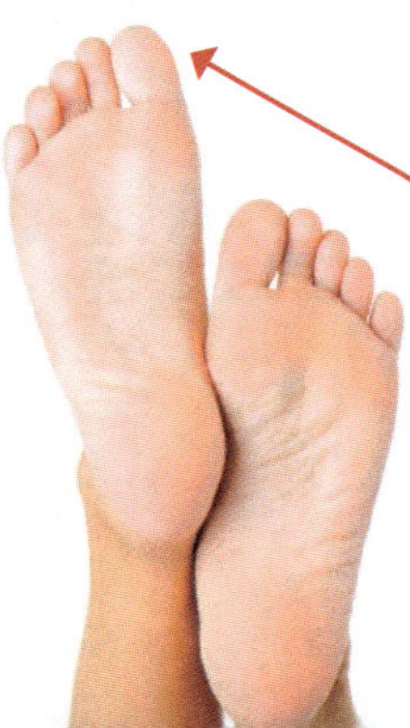

dão | de

f F

Cole aqui o adesivo.

foca

foca

1 CUBRA O PONTILHADO E COPIE.

f f f

F F F

fa fe fi fo fu

Fa Fe Fi Fo Fu

2 COPIE AS PALAVRAS.

farofa feita

farinha fofa

fofoca feia

- AGORA, LEIA O TEXTO, ENCONTRE AS PALAVRAS QUE VOCÊ COPIOU E PINTE-AS.

Farofa feita
com muita farinha fofa
faz uma fofoca feia.

DITADO POPULAR.

3 ESCREVA AS SÍLABAS NA ORDEM CERTA E FORME O NOME DAS FIGURAS.

Ppart/Shutterstock

gão | fo

Ruud Morijn Photographer/Shutterstock

ma | fu | ça

YouTouch Pix of Eutoch/Shutterstock

ca | fa

g G

g G

Cole aqui o adesivo.

gato

gato

1 CUBRA O PONTILHADO E COPIE.

g g g

G G G

ga go gu ga go gu

Ga Go Gu Ga Go Gu

2 COPIE AS SÍLABAS ABAIXO NOS QUADRINHOS PARA FORMAR PALAVRAS. DEPOIS, COPIE AS PALAVRAS.

ga go Gu

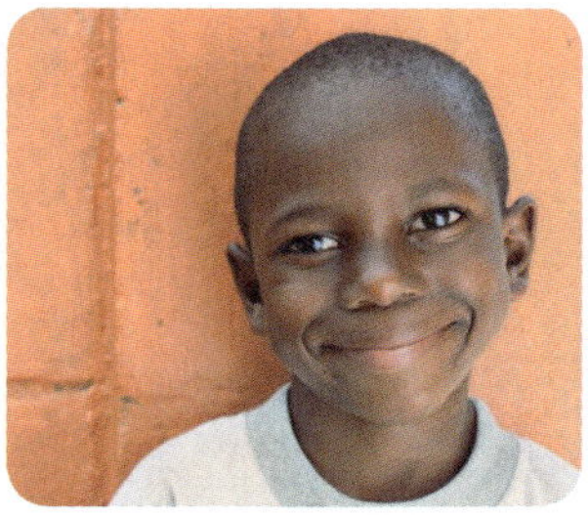
John Slater/Getty Images

to

ingimage/Other Images

bi de

Luiz Moraes/Arquivo da editora

to

3 COPIE APENAS OS NOMES DAS FIGURAS.

figo galo goiaba fogo

Nick Bobby/SXC.HU

ingimage/Other Images

h H

h H

Cole aqui o adesivo.

hipopótamo

hipopótamo

1 CUBRA O PONTILHADO E COPIE.

h h h

H H H

ha he hi ho hu

Ha He Hi Ho Hu

2 PINTE AS SÍLABAS QUE FORMAM O NOME DAS FIGURAS. DEPOIS, ESCREVA O NOME.

hé	ha	li	fa	hu	ce

Andrea Davis/SXC.HU

ha	ho	ga	mem	je

DK Stock/Kevin RL Hanson/Getty Images

gu	ho	fi	tel

Sophie McAulay/Shutterstock

j J

j J

Cole aqui o adesivo.

jiboia

jiboia

1 CUBRA O PONTILHADO E COPIE.

j j j

J J J

ja je ji jo ju

Ja Je Ji Jo Ju

2 LIGUE AS FIGURAS AOS NOMES. DEPOIS, COPIE OS NOMES.

Iv Nikolny/Shutterstock

jipe

efiplus/Shutterstock

beijo

PressMaster/Shutterstock

caju

3 FORME PALAVRAS INICIADAS COM A SÍLABA **JA**. VEJA O MODELO.

ja

- ca — jaca
- buti
- caré
- buticaba
- nela

l L

l L

Cole aqui o adesivo.

leão

leão

1 CUBRA O PONTILHADO E COPIE.

l l l

L L L

la le li lo lu

La Le Li Lo Lu

2 COPIE AS FRASES, SUBSTITUINDO AS FIGURAS POR SEUS NOMES.

bolo | bola | leão

A) Lia joga  com Laís.

Sergey Peterman/Shutterstock

B) Lúcio gosta de  .

Lesya Dolyuk/Shutterstock

C) Leo viu um  .

Eric Isselee/ Shutterstock

3 JUNTE AS SÍLABAS PARA FORMAR PALAVRAS.

ba + la →

be + la →

m M

m M

Cole aqui o adesivo.

macaco

macaco

1 CUBRA O PONTILHADO E COPIE.

m m m

M M M

ma me mi mo mu

Ma Me Mi Mo Mu

2 LEIA O TEXTO. DEPOIS, PINTE A FIGURA.

O macaco foi à feira,
não sabia o que comprar.
Comprou uma cadeira
pra comadre se sentar.

[...]

QUADRINHA POPULAR.

Roberto Weigand/ Arquivo da Editora

- AGORA, COPIE O NOME DO ANIMAL, DISTRIBUINDO CADA SÍLABA EM UMA PAUTA.

macaco

3 SEPARE AS SÍLABAS DAS PALAVRAS E, COM A AJUDA DO PROFESSOR, ESCREVA QUANTAS SÍLABAS FORMAM A PALAVRA: **UMA** OU **DUAS**.

uma *duas*

Michaeljung/Shutterstock

mãe

Luisa Leal Photography/ Shutterstock

mesa

Kao/Shutterstock

mala

n N

n N

Cole aqui o adesivo.

naja

naja

1 CUBRA O PONTILHADO E COPIE.

n n n

N N N

na ne ni no nu

Na Ne Ni No Nu

2 ESCREVA O NOME DE CADA FIGURA.

Anita | canudo | navio

azeitona | novelo | caneca

NAN728/Shutterstock

Grublee/Shutterstock

Mamahoohooba/Shutterstock

Tim Ur/Shutterstock

Jeka84/Shutterstock

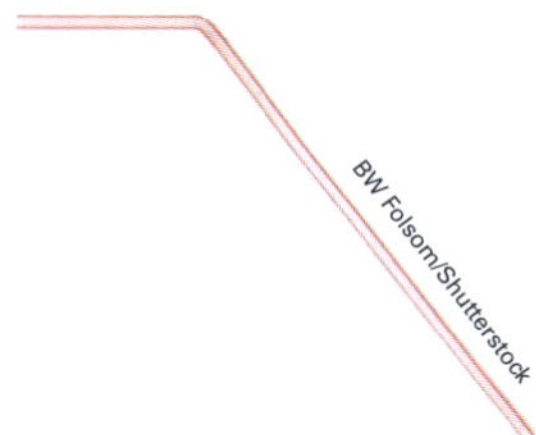
BW Folsom/Shutterstock

- NOS NOMES QUE VOCÊ ESCREVEU, PINTE AS SÍLABAS **NA**, **NE**, **NI**, **NO**, **NU**.

3 COPIE A PALAVRA QUE TERMINA COM O MESMO SOM DE **ANITA**.

linda | bela | bonita

Mamahoohooba/Shutterstock

p P

p P

Cole aqui o adesivo.

pato

pato

1 CUBRA O PONTILHADO E COPIE.

p p p

P P P

pa pe pi po pu

Pa Pe Pi Po Pu

2 LEIA AS PALAVRAS ABAIXO E USE-AS PARA COMPLETAR AS EXPRESSÕES COM O NOME DAS FIGURAS. DEPOIS, COPIE A PRIMEIRA SÍLABA DE CADA NOME.

panela | peteca | pipoca

pote | pudim

Ormuzd Alves/Arquivo da editora

_______ de leite | ____

Victor Almeida/Arquivo da editora

_______ colorida | ____

Penna Prearo/Arquivo da editora

_______ de ferro | ____

Brian K./Shutterstock/Imageplus

_______ doce | ____

AllImage/Shutterstock

_______ de barro | ____

q Q

Cole aqui o adesivo.

quati

quati

1 CUBRA O PONTILHADO E COPIE.

q

Q

qua que qui qua que qui

Qua Que Qui Qua Que Qui

2 JUNTE AS SÍLABAS PARA ESCREVER O NOME DAS FIGURAS.

Eric Isselee/Shutterstock

es + qui + lo

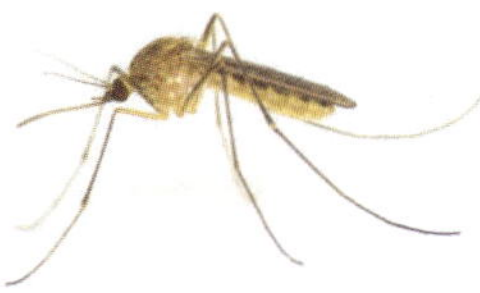
Dimijana/Shutterstock

mos + qui + to

Gurgen Bakhshetsyan/Shutterstock

qua + dro

Kevin H Knuth/Shutterstock/Imageplus

pe + ri + qui + to

Lynn Lopez/SXC.HU

le + que

Pascal Boulcier/Photononstop/Imageplus

a + quá + rio

r R

r R

Cole aqui o adesivo.

rato

rato

1 CUBRA O PONTILHADO E COPIE.

r r r

R R R

ra re ri ro ru

Ra Re Ri Ro Ru

2 CIRCULE APENAS O NOME DA FIGURA. DEPOIS, ESCREVA-O.

Fotoslaz/Shutterstock

ralo | rádio | ramo

Brm/Shutterstock

remo | rei | rede

Mandritoiu/Shutterstock

rico | rio | rima

Mikael Damkier/Shutterstock

rolo | robô | rodo

Anilah/Shutterstock

rua | rubi | rude

s S

s S

Cole aqui o adesivo.

sapo

sapo

1 CUBRA O PONTILHADO E COPIE.

s s s

S S S

sa se si so su

Sa Se Si So Su

2 JUNTE AS SÍLABAS DAS FIGURAS IGUAIS PARA FORMAR PALAVRAS.

Si no me ne

sa si la mo

3 COMPLETE AS FRASES COM AS PALAVRAS ABAIXO.

Saulo Sônia sapo salada

O pulou no pé

de .

comeu

de legumes.

t T

Cole aqui o adesivo.

tatu

tatu

1 CUBRA O PONTILHADO E COPIE.

t t t

T T T

ta te ti to tu

Ta Te Ti To Tu

2 QUAL PALAVRA TEM A SÍLABA DO QUADRINHO? CIRCULE A SÍLABA. DEPOIS, COPIE A PALAVRA.

ta	sapato	caneta	
te	telefone	tatu	
ti	leite	tijolo	
to	oito	peteca	
tu	tucano	batida	

3 ORDENE AS SÍLABAS E ESCREVA O NOME DE PESSOAS.

ti	Ta		
deu	Ta		
ão	Ti		
ta	Ta	li	

v V

v V

Cole aqui o adesivo.

veado

veado

1 CUBRA O PONTILHADO E COPIE.

v

V

va ve vi vo vu

Va Ve Vi Vo Vu

2 PINTE AS LETRAS QUE FORMAM O NOME DAS FIGURAS. DEPOIS, ESCREVA O NOME.

Mar.N/SXC.HU

v i a p c r a

Pedro Rubens/Arquivo da editora

b v i e l s a

Divulgação/Editora Abril

a m v i p ã o

3 COPIE OS NOMES NO LUGAR CORRETO.

pavão   Vera   vinagre

A) 4 letras
2 sílabas →

B) 7 letras
3 sílabas →

C) 5 letras
2 sílabas →

x X

x X

Cole aqui o adesivo.

xexéu

xexéu

1 CUBRA O PONTILHADO E COPIE.

x x x

X X X

xa xe xi xo xu

Xa Xe Xi Xo Xu

2 ALGUMAS PALAVRAS ABAIXO TÊM AS SÍLABAS **XA** OU **XE**. PINTE AS FIGURAS QUE REPRESENTAM ESSAS PALAVRAS. DEPOIS, COPIE O NOME DAS FIGURAS QUE TÊM AS SÍLABAS **XI** OU **XO**.

Pukach/Shutterstock

xícara

Malivan Lulila/Shutterstock

bruxa

Horiyan/Shutterstock

lixo

Rich Carey/Shutterstock

peixe

3 COPIE A PALAVRA QUE CORRESPONDE AO QUE ESTÁ INDICADO.

faxina abacaxi roxo

nome de cor →

nome de fruta →

limpeza geral →

z Z

Cole aqui o adesivo.

zabelê

zabelê

1 CUBRA O PONTILHADO E COPIE.

za ze zi zo zu

Za Ze Zi Zo Zu

2 LEIA O TEXTO.

Roberto Weigand/Arquivo da Editora

Zabelê

Vive nas matas de Minas
Gerais e na caatinga do Nordeste.
Gosta de andar pelo chão procurando insetos,
sementes e pequenas frutas para comer.

ABECEDÁRIO DE AVES BRASILEIRAS, DE GERALDO VALÉRIO.
SÃO PAULO: WMF MARTINS FONTES, 2009. P. 52.

- SOBRE QUAL ANIMAL FALA O TEXTO?

3 ESCREVA AS LETRAS DE ACORDO COM AS CORES PARA FORMAR OS NOMES SOLICITADOS.

a e i o u c h l n t z

A) NOME DE UMA COR.

B) NOME DO FRUTO DA OLIVEIRA.

C) NOME DE UM CÔMODO DA CASA.

k K

k K

w W

w W

y Y

y Y

Cole aqui o adesivo.

Cole aqui o adesivo.

Cole aqui o adesivo.

kung fu **w**afer **y**oga

kung fu wafer yoga

1 CUBRA O PONTILHADO E COPIE.

k k k K K K

w w w W W W

y y y Y Y Y

2 ESCREVA ABAIXO DE CADA CENA A FRASE QUE COMBINA COM ELA.

Susy cuida de Kico.

Wagner é motoboy.

Yasmim anda de skate.

Lane Oatey/Blue Jean Images/Getty Images

Xavier Gallego Morell/Shutterstock

Tatyana Vyc/Shutterstock

BRINCANDO E APRENDENDO

1 QUE ANIMAL SERÁ ESTE? PARA SABER, LIGUE OS PONTOS SEGUINDO A ORDEM DAS LETRAS DO ALFABETO. DEPOIS, PINTE O ANIMAL.

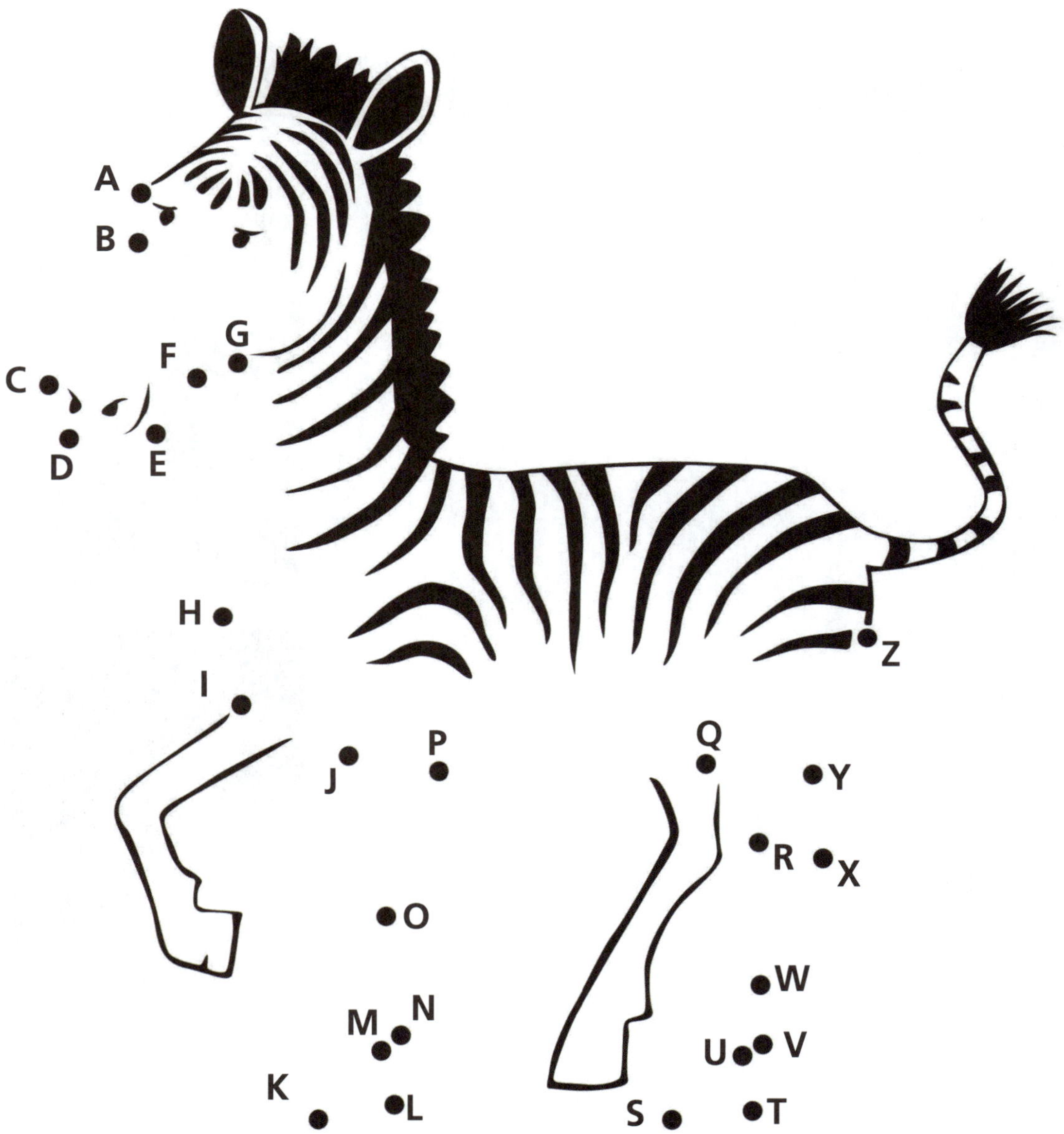

Roberto Weigand/Arquivo da Editora

- ESCREVA O NOME DO ANIMAL QUE VOCÊ DESCOBRIU.

2 ENCONTRE NA CENA TRÊS ANIMAIS. PINTE ESSES ANIMAIS.

Roberto Weigand/Arquivo da Editora

- ESCREVA O NOME DOS ANIMAIS QUE VOCÊ PINTOU.

UNIDADE 3

O QUE VOU ESTUDAR?

- MAIS LETRAS, MAIS SONS
- SINGULAR E PLURAL
- AUMENTATIVO E DIMINUTIVO
- MASCULINO E FEMININO

Álbum
Ilustrado

MAIS LETRAS, MAIS SONS

Tim Fitzharris/Minden/Latinstock

arara

arara

1 COPIE O NOME DAS FIGURAS.

Anan Kaewkhammul/ Shutterstock

Aleksandar Grozdanovski/ Shutterstock

touro

caracol

Kostenko Maxim/ Shutterstock

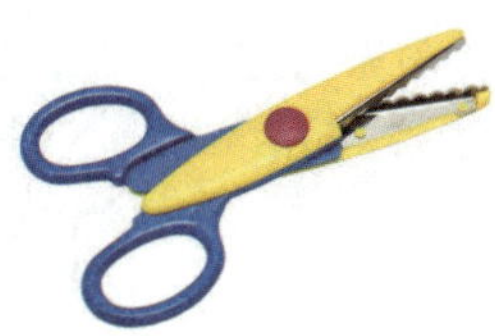
Olga Kovalenko/ Shutterstock

cadeira

tesoura

2 CONTINUE FAZENDO COMO NO MODELO.

Michael Shake/Shutterstock

Spetenfia/Shutterstock

coruja

corujas

Naypong/Shutterstock

Warongdech/Shutterstock

jacaré

Ruth Black/Shutterstock

Robyn Mackenzie/Shutterstock

pirulito

Alex Staroseltsev/Shutterstock

EM Arts/Shutterstock

pera

Super Prin/Shutterstock

borboleta

borboleta

1 COPIE O NOME DE CADA FIGURA.

urso carta irmãos

ervilhas orca

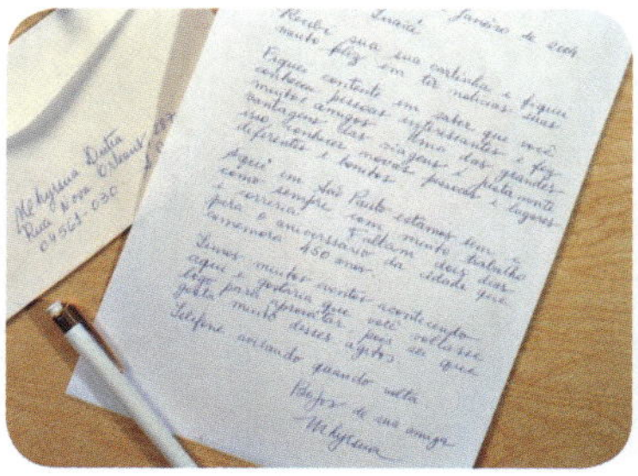

Sergio Dotta Jr./Arquivo da editora

Amr Safey//SXC.HU

Creatas

Fred Felleman/Getty Images

Kiss Zoltán/SXC.HU

2 COPIE AS DUPLAS DE PALAVRAS QUE COMEÇAM COM O MESMO SOM DAS LETRAS DOS QUADRINHOS.

mercado perfume barba

formiga turma cartão

curto firme porta circo

ar →

er →

ir →

or →

ur →

Eric Isselee/Shutterstock

raposa

raposa

1 COPIE DE CADA QUADRO APENAS A PALAVRA INTRUSA.

[1]
suco

[2]
pão

[3]
mamão

[4]
casulo

[5]
camiseta

[6]
caneta

[7]
lápis

[8]
borracha

[1] Alfredo Franco/Arquivo da editora; [2] Jana/SXC.HU; [3] Elena Schweitzer/Shutterstock/Imageplus; [4] Joke Stuurman-Huitema/Foto Natura/Minden Pictures/Latinstock; [5] Divulgação/Arquivo da editora; [6] Marlos Bakker/Arquivo da editora; [7] Lailson Santos/Arquivo da editora; [8] Pam Roth/SXC.HU.

2 OBSERVE AS FIGURAS E LEIA AS PALAVRAS.

casa

casinha

casarão

Ilustrações: Claudia Marianno/ Arquivo da editora

- AGORA, ESCREVA AS PALAVRAS DE ACORDO COM AS FIGURAS.

mesinha	vasão	mesa
vaso	mesona	vasinho

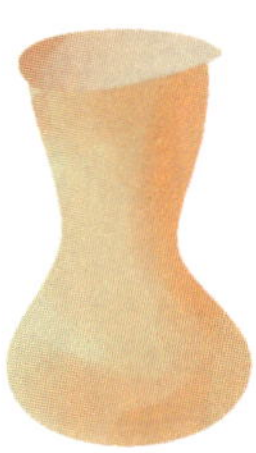

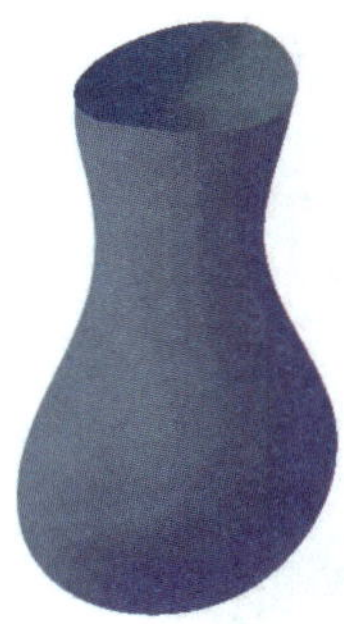

Digital Vision

esquilo

esquilo

1. FAÇA A CORRESPONDÊNCIA. DEPOIS, COPIE O NOME.

1

Irin-k/Shutterstock

2

Francesco Carniani/Shutterstock

3

Nattika/Shutterstock

4

Joe Belanger/Shutterstock

5

Wilson Araujo/Shutterstock

☐ máscara ______________

☐ cesta ______________

☐ Gustavo ______________

☐ mosca ______________

☐ biscoito ______________

2 COPIE AS PALAVRAS E ACRESCENTE **s** DEPOIS DA PRIMEIRA SÍLABA. SIGA O MODELO.

lema	lesma
ano	
picada	
pata	
gota	
juta	

3 COMPLETE AS FRASES COM AS PALAVRAS DAS PAUTAS.

Ester

vestido

Ilustrações: Roberto Weigand/ Arquivo da editora

_______ foi à loja.

Ela experimentou um _______.

Zhengzaishuru/Shutterstock

polvo

polvo

- LEIA O NOME DAS FIGURAS E PINTE AS LETRAS al, el, il, ol, ul.

Eduardo Pozella/Arquivo da editora

Bharat/Shutterstock/Imageplus

Antonio Jiménez Alonso/SXC.HU

pastel

pulseira

funil

Agata Urbaniak/SXC.HU

Alexandre Battibugli/Arquivo da editora

alfinete

futebol

A) COPIE NAS PAUTAS ABAIXO OS NOMES DAS FIGURAS DA PÁGINA ANTERIOR, DE ACORDO COM AS LETRAS QUE VOCÊ PINTOU.

al → ______

el → ______

il → ______

ol → ______

ul → ______

B) OBSERVE AS FIGURAS E COMPLETE AS FRASES COM DUAS PALAVRAS ACIMA.

Eric Cote/Shutterstock

Adoro jogar ______.

Gerson Sobreira/Terrastock

Comi ______ de queijo.

Fotoresquest/Shutterstock

andorinha

andorinha

1. LEIA O NOME DAS FIGURAS.

Henryk Sadura/Shutterstock

ponte

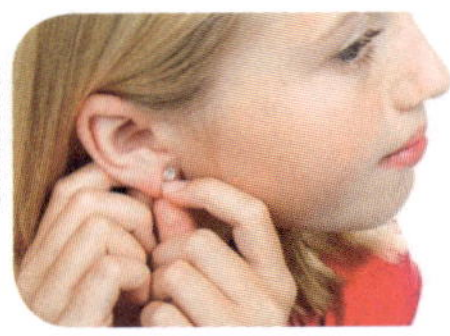
Jenn Huls/Shutterstock

brinco

Catshila/Shutterstock

pente

NPeter/Shutterstock

mundo

Anotai Yuthongcome/Shutterstock

balanço

- ESCREVA OS NOMES AO LADO DOS QUADRINHOS INDICADOS.

an →

en →

in →

on →

un →

2 OBSERVE AS CENAS E COPIE UMA DAS PALAVRAS ABAIXO PARA COMPLETAR AS FRASES.

cantando | lendo | dormindo

Kylie Walls/Shutterstock

Ana está _______________.

JPC-PROD/Shutterstock

Pedro está _______________.

Sergey Novikov/Shutterstock

As crianças estão

_______________.

pomba

pomba

1 PINTE DE AMARELO AS PALAVRAS QUE TÊM AS LETRAS INDICADAS NOS QUADRINHOS ABAIXO.

am | em | im | om | um

ambulância | anjo | lindo

empada | endereço | campo

umbigo | limpo | xampu

canto | bomba | bombeiro

- AGORA, COPIE AS PALAVRAS QUE VOCÊ PINTOU.

2 SIGA AS SETAS E FORME PALAVRAS COM AS SÍLABAS. ESCREVA AS PALAVRAS AO LADO DAS FIGURAS CORRESPONDENTES.

lâm → pa → da

bom → bom

Gresei/Shutterstock

Gillmar/Shutterstock

em → pa → da

Léo Burgos/Folhapress

3 CONTINUE FAZENDO COMO NO MODELO.

Raisa Kanareva/Shutterstock

o cantor | a cantora

Kemeo/Shutterstock

o ganso

Rudy Umans/Shutterstock

o elefante

Eric Isselee/Shutterstock

avestruz

avestruz

1 COPIE AS PALAVRAS DE ACORDO COM AS LETRAS DOS QUADRINHOS.

paz | juiz | avestruz | xadrez | dez

luz | arroz | cartaz | chafariz | voz

az →

ez →

iz →

oz →

uz →

2 COMPLETE O TEXTO COM AS PALAVRAS ABAIXO.

capaz | vez | Beatriz

Sou pequena, sou **feliz**. Eu me chamo __________

Eu sou grande – um **rapaz**!

Sou esperto e __________

Conto um, dois, três.

Agora é a minha __________

Ilustrações: Roberto Weigand/Arquivo da editora

- AGORA, PINTE AS OUTRAS PALAVRAS DO TEXTO QUE TÊM A LETRA z NO FINAL DA PALAVRA.

3 QUAIS PALAVRAS DA SEGUNDA COLUNA COMBINAM COM AS DA PRIMEIRA? COPIE AS DUAS.

carro	feliz	
pessoa	dez	
leão	veloz	
número	feroz	

Hidden /SXC.HU

cigarra

cigarra

1. COPIE APENAS AS PALAVRAS QUE TÊM AS LETRAS rr.

Jeka/Shutterstock

Prophoto14/Shutterstock

careta

carreta

Forewer/Shutterstock

HSNPhotography/Shutterstock

caro

carro

2. PREENCHA OS ESPAÇOS EM BRANCO COM AS LETRAS r E rr PARA FORMAR OS NOMES DAS FIGURAS.

Dora Pete/SXC.HU

Shutterstock/Imageplus

xíca__a

ga__afa

- AGORA, SEPARE AS SÍLABAS DAS PALAVRAS QUE VOCÊ COMPLETOU.

xí				gar		

3 COPIE O NOME DAS FIGURAS, ACRESCENTANDO A LETRA s NO FINAL QUANDO FOR PRECISO.

bezerro	arara
marreco	urubu

Carmine Arienzo/Shutterstock

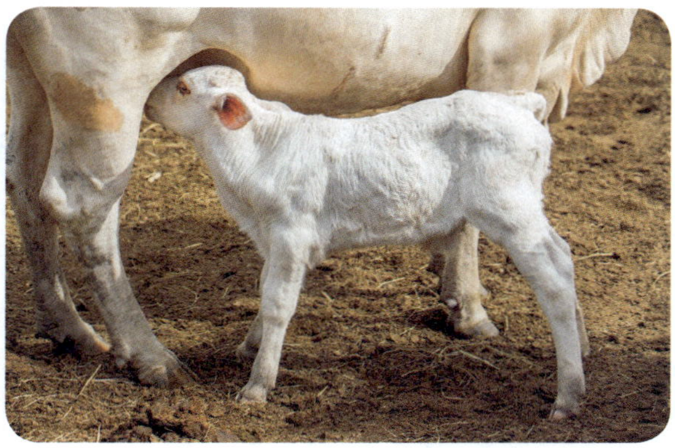
StudioNeosiam/Shutterstock

F9photos/Shutterstock

Steve Oehlenschlager/Shutterstock

Super Prin/Shutterstock

páSSaro

páSSaro

1 LEIA A LETRA DESTA CANTIGA POPULAR.

Passarás, não passarás
Mas alguém há de ficar.
Caso não seja o da frente
Com certeza será o de trás!
O que você prefere
Pêssego, uva ou maçã?

CANTIGA POPULAR.

Roberto Weigand/Arquivo da editora

- AGORA, COPIE AS PALAVRAS QUE TÊM ss.

2 PINTE AS BOLINHAS DAS PALAVRAS QUE TÊM *ss* .

Dynamic Graphics

girassol

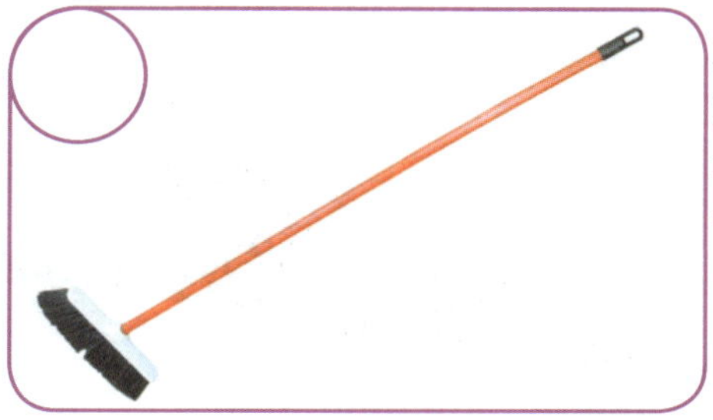

Vereshchagin Dmitry/ Shutterstock/Imageplus

vassoura

Katerina Chuchuva/SXC.HU

sapato

Iara Venanzi/kino.com.br

mesa

Jayson Kingsbeer/ SXC.HU

pêssego

Dynamic Graphics

rosa

ingimage/Other Images

tesoura

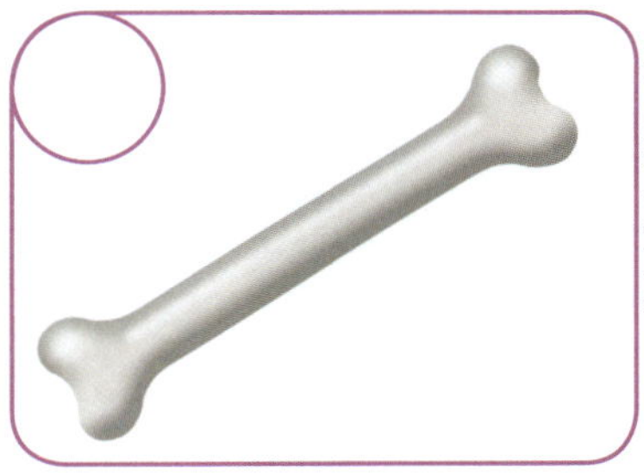

Lischuk Ruslan Vyktorovich/ Shutterstock/Imageplus

osso

- COPIE AS PALAVRAS QUE TIVERAM AS BOLINHAS PINTADAS, SEPARANDO AS SÍLABAS.

Kamonrat/Shutterstock

onça

onça

1 COPIE APENAS AS PALAVRAS QUE TÊM *ç*.

maçã

macieira

lacinho

laço

cerca

calça

pescoço

pescaria

açúcar

curso

2 LEIA O TEXTO.

A) NO TEXTO, CIRCULE TODAS AS PALAVRAS QUE TÊM ç.

B) COMPLETE A FRASE COM AS PALAVRAS DO QUADRO.

criançada | graça

palhaçadas | palhaço

O ________, cheio de ________,

faz ________ para

alegrar a ________.

BRINCANDO E APRENDENDO

1 PINTE A CENA DE ACORDO COM O CÓDIGO DE CORES.

● azul	◆ rosa
■ verde	★ vermelho
▲ preto	◗ amarelo

Roberto Weigand/Arquivo da editora

2 COPIE O NOME DAS FIGURAS E ACRESCENTE O NOME DA COR DELAS. SIGA O MODELO.

Andre Valentim/Strana/Arquivo da editora

vestido

vestido vermelho

Beto Barata/Arquivo da editora

girassol

Moacir Lugatto/Arquivo da editora

camisa

UNIDADE 4

O QUE VOU ESTUDAR?

- MAIS LETRAS, MAIS SONS
- NÚMEROS ATÉ 10

Américo
Américo
A
Amora

MAIS LETRAS, MAIS SONS

Eugene Sergeev/Shutterstock

cegonha

cegonha

1 LEIA O TEXTO.

Cecília é a mãe de Celina e de Cibele.
Celina e Cibele vão ganhar
um irmãozinho.
Ele vai se chamar Célio.

Roberto Weigand/Arquivo da editora

- AGORA, ESCREVA O QUE SE PEDE.

Cecília | Celina | Cibele | Célio

A) O NOME DAS MENINAS:

B) O NOME DA MÃE:

C) O NOME DO IRMÃOZINHO:

2 PINTE AS SÍLABAS QUE FORMAM O NOME DAS FIGURAS. DEPOIS, ESCREVA OS NOMES.

Jiangdi/Shutterstock

ce | do | bo | pa | la

Donut8449/Shutterstock

se | ce | lu | go | lar

Tim Ur/Shutterstock

ce | te | ci | re | ja

Photo Balance/Shutterstock

cle | ci | bi | re | ta

girafa

girafa

1 LEIA O POEMA.

Uma girafa e tanto

Se você tiver uma girafa muito safa...
e lhe esticar o pescoço, que espanto...
você terá uma girafa e tanto.
[...]

UMA GIRAFA E TANTO, DE SHEL SILVERSTEIN. SÃO PAULO: COSAC NAIFY, 2011.

- ENCONTRE A PALAVRA ABAIXO NO POEMA E CIRCULE-A. DEPOIS, COPIE-A NA PAUTA.

girafa →

2 COPIE A DUPLA DE PALAVRAS.

girafa gigante

3 LEIA O NOME DAS FIGURAS.

Ljupco Smokovski/Shutterstock

mágico

Africa Studio/Shutterstock

gelatina

Angela Hampton Picture Library/Alamy/Glow Images

gibi

Valentyn Volkov/Shutterstock

gelo

Alfredo Franco/Arquivo de editora

tangerina

Zvone Lavric/SXC.HU

relógio

- AGORA, COPIE OS NOMES NAS COLUNAS DE ACORDO COM A SÍLABA.

ge	*gi*

Fabio Colombini/Acervo do fotógrafo

galinha

galinha

1 LEIA O TEXTO.

Fui à casa da vizinha
Pedir emprestada uma saia amarelinha
Ela me fez uma gracinha
E me trouxe uma bem vermelhinha.

- CIRCULE NO TEXTO AS QUATRO PALAVRAS ABAIXO. DEPOIS, COPIE AS PALAVRAS.

vizinha

amarelinha

gracinha

vermelhinha

2 SIGA AS SETAS, JUNTE AS SÍLABAS E FORME PALAVRAS.

a → ra → nha

pa → mo → nha

Hidden/SXC.HU

Eduardo Pozella/ Arquivo da editora

ni → nho

pin → ti → nho

Steve Byland/ Shutterstock/Imageplus

Pierre Yves Refalo/ Arquivo da editora

pi → nhei → ro

di → nhei → ro

João Raposo/ Arquivo da editora

Laureni Fochetto

Misha Shiyanov/Shutterstock/Imageplus

coelho

coelho

1 OBSERVE AS FIGURAS E LEIA AS PALAVRAS.

Mehmet Goren/SXC.HU

Irmo Celso/Arquivo da editora

galo

galho

- AGORA, ACRESCENTE A LETRA h NAS PALAVRAS ABAIXO PARA FORMAR NOVAS PALAVRAS.

Aksenova Natalya/Shutterstock

vela

Javier Rosano/Shutterstock

Andrey_Kuzmin/Shutterstock

mala

Rusian Kudrin/Shutterstock

Gemenacom/Shutterstock

fila

Monkey Business Images/Shutterstock

2 QUE PALAVRAS COMBINAM? CONTINUE ESCREVENDO CONFORME O MODELO.

agasalho | milho
ovelha | galho

Elenovsky/Shutterstock

agasalho quentinho

Inna Astakhova/Shutterstock

branquinha

Valentina Razumova/Shutterstock

amarelinho

All For You/Shutterstock

sequinho

3 COPIE OS NOMES, SEPARANDO AS SÍLABAS.

orelha

orelhinha

cachorro

cachorro

1 COMPLETE OS NOMES DAS FIGURAS COM UMA DAS SÍLABAS ABAIXO.

cha | che | chi | cho | chu

___ve

___fre

___colate

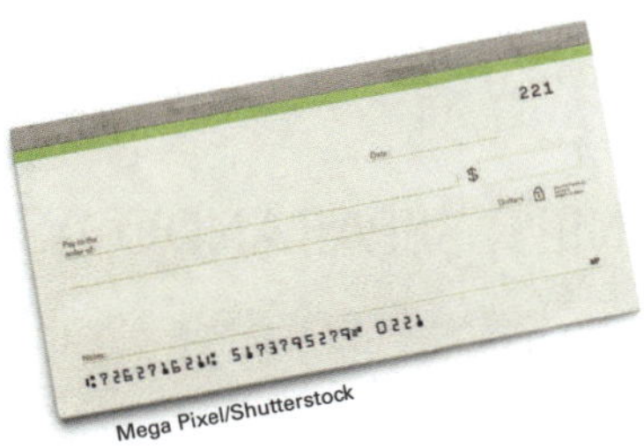

___peta

___que

2 OBSERVE AS IMAGENS E LEIA AS PALAVRAS.

Peresanz/Shutterstock

Bjsites/Shutterstock

Homydesign/Shutterstock

chuva | chapéu | chinelos

Bitt24/Shutterstock

www.BillionPhotos.com/Shutterstock

cachorro | mochila

- COPIE AS PALAVRAS DE ACORDO COM A INDICAÇÃO.

A) PEÇA DE VESTUÁRIO QUE COBRE A CABEÇA. →

B) PINGOS DE ÁGUA VINDOS DO CÉU. →

C) UM TIPO DE BOLSA QUE SE CARREGA NAS COSTAS. →

D) PAR DE CALÇADOS QUE COBRE A PARTE DA FRENTE DO PÉ. →

E) ANIMAL DOMESTICADO. →

Janossy Gergely/Shutterstock

preguiça

preguiça

1 LEIA AS PALAVRAS ABAIXO. COPIE NAS PAUTAS APENAS AS PALAVRAS EM QUE A LETRA *u* É PRONUNCIADA.

água	*jegue*	*foguete*
águia	*égua*	*régua*

- AGORA, COPIE NAS PAUTAS AS PALAVRAS EM QUE A LETRA *u* NÃO É PRONUNCIADA.

Mircea Preda Struteanu//SXC.HU

Jansie Blom/SXC.HU

Pete Turner/Getty Images

2 LEIA A CANTIGA DE RODA.

Caranguejo não é peixe,
caranguejo peixe é.
Caranguejo só é peixe
na enchente da maré.

CANTIGA POPULAR.

Roberto Weigand/Arquivo da editora

- QUAL DESTAS PALAVRAS ESTÁ NA CANTIGA? COPIE-A.

tartaruga   caranguejo

3 JUNTE AS PALAVRAS PARA FORMAR OUTRAS.

guarda-

chuva

sol

roupa

Thorsten Rust/Shutterstock/Imageplus

crocodilo

crocodilo

1 SIGA O MODELO E FORME NOVAS PALAVRAS.

Tsekhmister/Shutterstock

pato	prato
pata	
fio	

Freer/Shutterstock

DWPhotos/Shutterstock

Focal Point/Shutterstock

Lim Yong Hian/Shutterstock

Carballo/Shutterstock

2 VOCÊ SABE COMO OS CROCODILOS ENXERGAM DEBAIXO DA ÁGUA?

Os crocodilos enxergam debaixo da água através de pálpebras especiais que eles têm.

Jason Maehl/Shutterstock/Imageplus

- COPIE O NOME DO ANIMAL.

crocodilo	

3 LEIA AS PALAVRAS.

quadril outubro praça
braço setembro praia
novembro abril refresco
dezembro fruta

- AGORA, COPIE O QUE SE PEDE.

A) NOMES QUE INDICAM PARTES DO CORPO.

B) NOMES QUE INDICAM ALIMENTO.

C) NOMES QUE INDICAM LUGARES.

D) NOMES DE MESES.

Aaron Amat/Shutterstock

flamingo

flamingo

1 CONTINUE FAZENDO COMO NO MODELO E FORME NOVAS PALAVRAS.

paca	caro	fecha
↓	↓	↓
placa		

2 LEIA O TEXTO.

A flauta é um instrumento de música.
Ela é comprida e tem vários
furos, por onde sai o ar que se
sopra nela com a boca.

Pio3/Shutterstock

MEU PRIMEIRO DICIONÁRIO: CALDAS AULETE COM A TURMA DO COCORICÓ.
RIO DE JANEIRO: LEXIKON/GLOBO; SÃO PAULO: CULTURA MARCAS, 2009.

- CIRCULE NELE A PALAVRA flauta. DEPOIS, ESCREVA ESSA PALAVRA NA PAUTA ABAIXO.

3 OBSERVE A FOTO.

Heinrich van den Berg/Getty Images

Delfim Martins/Pulsar Imagens

Onur Mumcu/SXC.HU

- COMPLETE CADA FRASE COM UMA PALAVRA DO QUADRO ABAIXO.

frutos	plantação	flores

A foto representa uma

__________ de laranjas.

As laranjeiras dão

__________ brancas.

Quando as flores caem,

nascem os __________.

PhotoDisc

peixe

peixe

1 LEIA O TEXTO.

Os  são um tipo de animal.

Vilainecrevette/Shutterstock

Eles vivem nas águas dos mares ou dos rios e lagos.  não têm pernas

Ingrid Prats/Shutterstock

nem braços, mas têm rabo e nadadeiras, que os ajudam a nadar bem.

MEU PRIMEIRO DICIONÁRIO: CALDAS AULETE COM A TURMA DO COCORICÓ.
RIO DE JANEIRO: LEXIKON/GLOBO; SÃO PAULO: CULTURA MARCAS, 2009.

- AGORA, ESCREVA NA PAUTA O NOME DAS FIGURAS.

Vilainecrevette/Shutterstock

Ingrid Prats/Shutterstock

2 LEIA AS ADIVINHAS E ESCREVA AS RESPOSTAS NAS PAUTAS. CONSULTE O QUADRO ABAIXO.

Oi, táxi!	xícara

O que é o que é, tem asa, mas não voa?

Africa Studio/Shutterstock

O que a pulga disse para o cachorro?

Classpics/Shutterstock

3 COMPLETE AS FRASES COM AS PALAVRAS DO QUADRO ABAIXO.

próxima	exemplo	sexto

Moro no ______ andar.

Sou a ______ da fila.

Siga o bom ______.

NÚMEROS

1 OBSERVE O NÚMERO QUE AS MÃOS MOSTRAM E CUBRA O PONTILHADO.

1

1 1

2

2 2

3

3 3

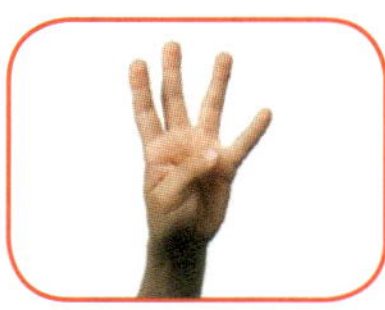

4

4 4

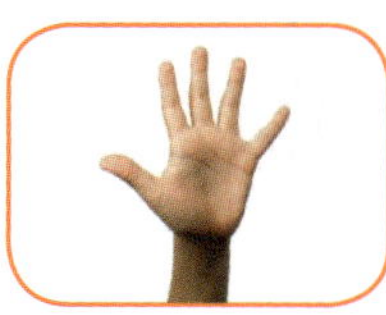

5

5 5

Fotos: Sérgio Dotta Jr./Arquivo da editora

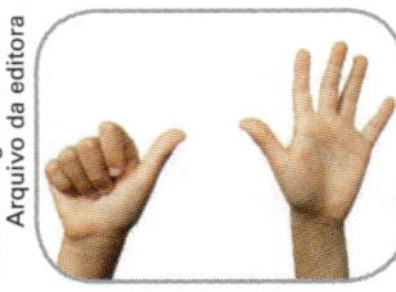

6

6 6

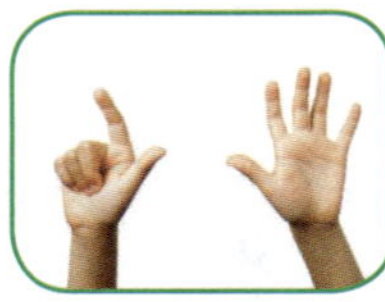

7

7 7

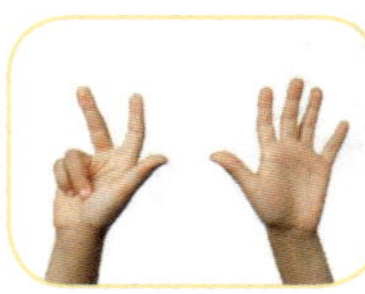

8

8 8

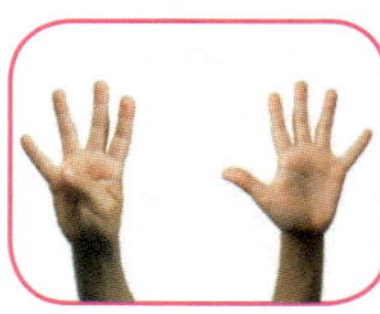

9

9 9

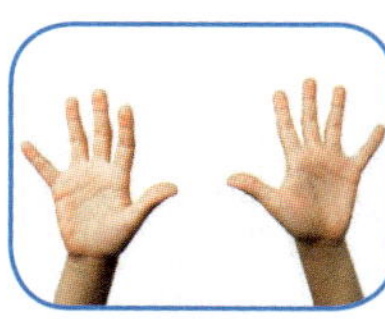

10

10 10

2 OBSERVE OS BRINQUEDOS.

Rarach/Shutterstock

Zayats Svetiana/Shutterstock

JReizabal/Shutterstock

Yuliyan Velchev/Shutterstock

- AGORA, RESPONDA.

A) QUANTOS URSINHOS HÁ NA FOTO?

B) QUANTAS BONECAS?

C) QUANTOS CARRINHOS?

D) QUANTAS BOLAS?

BRINCANDO E APRENDENDO

- LEIA ALGUMAS ATITUDES QUE PRECISAMOS TER PARA CUIDAR DA ÁGUA E DO MEIO AMBIENTE.

Cuidar dos rios.

Economizar água.

Jogar lixo na lixeira.

- COPIE ESSAS EXPRESSÕES NO LUGAR CERTO.

Divulgação/Arquivo da editora

Petra Wallner/Imageplus

Andy Sacks/Getty Images

PEQUENO ESCRITOR

AGORA VOCÊ VAI CONTAR A HISTÓRIA **JOÃO E O PÉ DE FEIJÃO** NO LIVRETO **PEQUENO ESCRITOR**.

PRESTE ATENÇÃO NO INÍCIO DA HISTÓRIA, NAS IMAGENS E NOS BALÕES DE FALA. MÃOS À OBRA!

- COMPLETE OS TRECHOS DO NARRADOR.
- COMPLETE OS BALÕES DE FALA.
- ATENTE PARA QUE SUA HISTÓRIA TENHA COMEÇO, MEIO E FIM.

LIVROS

Reprodução/Editora Scipione

BICHOS DIVERSOS, DE ARISTIDES TORRES FILHO, SCIPIONE.

O DINOSSAURO NÃO DIZ SUA IDADE, NÃO INSISTA. A ZEBRA SÓ USA PIJAMA DE LISTA. O BICHO-PREGUIÇA NÃO ESTÁ NEM AÍ PARA A CORRERIA DO DIA A DIA. COMPUTADOR? O ELEFANTE TEM MELHOR MEMÓRIA. O COELHO É LIVRE E DETESTA QUE PEGUEM NO SEU PÉ. E VOCÊ, QUE BICHO É?

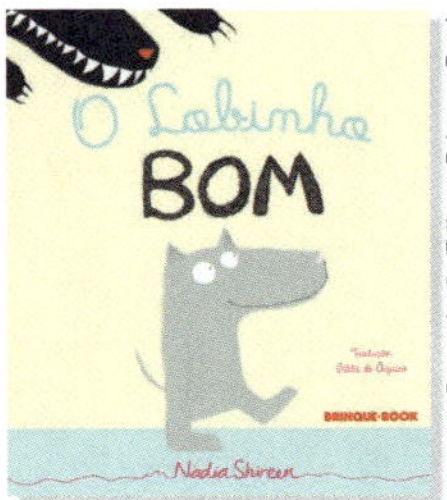

Reprodução/Editora Brinque-Book

O LOBINHO BOM, DE NADIA SHIREEN, BRINQUE-BOOK.

ERA UMA VEZ UM LOBINHO BOM CHAMADO ROLF, QUE É GENTIL COM SEUS AMIGOS, COME TODAS AS VERDURAS DO PRATO E ADORA ASSAR BOLOS. MAS LOBOS DE VERDADE NÃO SÃO BONS – LOBOS DE VERDADE SÃO GRANDES E MAUS. SERÁ QUE ROLF VAI CONSEGUIR ENCONTRAR O GRANDE LOBO MAU QUE VIVE DENTRO DELE?

Reprodução/Editora Globo

O SACI, DE MONTEIRO LOBATO, GLOBO.

PEDRINHO É MESMO UM MENINO CORAJOSO! APROVEITANDO AS SUAS FÉRIAS NO SÍTIO, ELE PARTE EM BUSCA DE AVENTURA PELOS MISTÉRIOS DO ASSOMBRADO CAPOEIRÃO DOS TUCANOS. AO LADO DO SACI, ELE VERÁ DE PERTO OS PRINCIPAIS MITOS DO FOLCLORE BRASILEIRO, COMO A PORCA DOS SETE LEITÕES, A CUCA E O BOITATÁ.

Reprodução/Editora Hedra

SAI DA FRENTE, VACA BRAVA!, DE RICARDO LÍSIAS, HEDRA.

NANÁ ACABOU DE ACORDAR, SUA MÃE NEM PRECISOU CHAMAR. É O PRIMEIRO DIA DE AULA E ELA ESTÁ MUITO ANIMADA. MAS, NO MEIO DO CAMINHO, NANÁ ENCONTRA UMA VACA NADA DIVERTIDA: ELA NÃO DEIXA NINGUÉM PASSAR. MAS COMO ELA PODE FAZER ISSO?

Reprodução/Editora Globo

SE EU FOSSE UM LIVRO, DE JOSÉ JORGE LETRIA, GLOBO.

SE VOCÊ FOSSE UM LIVRO, COMO GOSTARIA DE SE RELACIONAR COM OS LEITORES? PARA RESPONDER DE FORMA POÉTICA E CRIATIVA A ESSA PERGUNTA, O POETA PORTUGUÊS JOSÉ JORGE LETRIA E O ILUSTRADOR ANDRÉ LETRIA – PAI E FILHO – CRIARAM ESSA OBRA. JOSÉ JORGE, O PAI POETA, SUGERE QUE O LIVRO TEM UM LEQUE DE DESEJOS, DOS MAIS SIMPLES AOS MAIS AMBICIOSOS.

FILMES

Reprodução/Universal Pictures

E.T. – O EXTRATERRESTRE, DE STEVEN SPIELBERG, 1982, ESTADOS UNIDOS, 2 H.

UM GAROTO FAZ AMIZADE COM UM SER DE OUTRO PLANETA, QUE FICOU ESQUECIDO NA TERRA. PROTEGENDO-O DE TODAS AS FORMAS PARA EVITAR QUE SEJA CAPTURADO E TRANSFORMADO EM COBAIA, OS DOIS CONSTROEM UMA FORTE AMIZADE.

Reprodução/Pixar Animation Studio/Walt Disney Pictures

WALL-E, DE ANDREW STANTON, 2008, ESTADOS UNIDOS, 1 H 37 MIN.

APÓS A TERRA SER DESTRUÍDA POR CAUSA DO LIXO E DA POLUIÇÃO, AS PESSOAS VIVEM EM UMA GIGANTESCA NAVE NO ESPAÇO. ENQUANTO ISSO, WALL-E É O ÚLTIMO ROBÔ EM FUNCIONAMENTO NA TERRA. SUA VIDA CONSISTE EM COMPACTAR O LIXO EXISTENTE NO PLANETA, QUE FORMA TORRES MAIORES QUE PRÉDIOS, E COLECIONAR OBJETOS CURIOSOS QUE ENCONTRA AO REALIZAR SEU TRABALHO. ATÉ QUE, UM DIA, SURGE REPENTINAMENTE UMA NAVE, QUE TRAZ UM NOVO E MODERNO ROBÔ: EVA. WALL-E LOGO SE APAIXONA PELA RECÉM-CHEGADA.

SITES

Reprodução/<http://cmais.com.br/cocorico>

COCORICÓ, DISPONÍVEL EM: <http://cmais.com.br/cocorico>. ACESSO EM: 27 OUT. 2015. OFERECE JOGOS, PINTURAS PARA COLORIR, QUEBRA-CABEÇAS, ENTRE OUTRAS ATIVIDADES.

Reprodução/<http://edinfjogos.universoneo.com.br>

EDUCAÇÃO INFANTIL, DISPONÍVEL EM: <http://edinfjogos.universoneo.com.br/>. ACESSO EM: 27 OUT. 2015.

APRESENTA MUITOS JOGOS DIVIDIDOS POR GRUPOS DE INTERESSE (ALFABETO, COORDENAÇÃO MOTORA, MEMÓRIA, JOGO DOS ERROS, MATEMÁTICA, MEIO AMBIENTE, ETC.),

Reprodução/<http://rachacuca.com.br>

RACHA CUCA, DISPONÍVEL EM: <http://rachacuca.com.br>. ACESSO EM: 27 OUT. 2015. APRESENTA JOGOS *ON-LINE*, COMO QUEBRA-CABEÇAS, ANAGRAMAS, PACIÊNCIA, JOGO DOS SETE ERROS, ETC.

BIBLIOGRAFIA

AZEREDO, J. C. de. *Gramática Houaiss da língua portuguesa*. São Paulo: Publifolha, 2009.

BECHARA, E. *O que muda com o novo Acordo Ortográfico*. Rio de Janeiro: Nova Fronteira, 2008.

BERNABEU, Natália; GOLDSTEIN, Andy. *A brincadeira como ferramenta pedagógica*. São Paulo: Paulinas, 2012. (Pedagogia e Educação – série Ação Educativa).

CEGALLA, D. P. *Dicionário de dificuldades da língua portuguesa*. Rio de Janeiro: Lexikon, 2009.

CIPRO NETO, P. *O dia a dia da nossa língua*. São Paulo: Publifolha, 2002.

INSTITUTO ANTÔNIO HOUAISS; AZEREDO, José Carlos (Coord.). *Escrevendo pela nova ortografia:* como usar as regras do novo Acordo Ortográfico da Língua Portuguesa. São Paulo: Publifolha, 2013.

LUFT, Celso Pedro. *Novo guia ortográfico*. São Paulo: Globo, 2013.

MACHADO, J. R. M.; NUNES, M. V. da Silva. *Recriando a psicomotricidade*. Rio de Janeiro: Sprint, 2010.

MAN, J. *A história do alfabeto*. Tradução de Edith Zonenschain. Rio de Janeiro: Ediouro, 2002.

MORAIS, Artur Gomes. *Sistema de escrita alfabética*. São Paulo: Melhoramentos, 2012. (Como eu ensino).

NÓBREGA, Maria José. *Ortografia*. São Paulo: Melhoramentos, 2013. (Como eu ensino).

TRAVAGLIA, Luiz Carlos. *Na trilha da gramática:* conhecimento linguístico na alfabetização e letramento. São Paulo: Cortez, 2013.

Cosmin Manci/Shutterstock

Wolfgang Zwanzger/Shutterstock

Metha1819/Shutterstock

Johan Larson/Shutterstock

Dario Pintaric/SXC.HU

MartinMaritz/Shutterstock

Pedro H. Bernardo/Folhapress

LEÃO
Rob Hainer/Shutterstock

MACACO
Jeep2499/Shutterstock

NAJA
KentaStudio/Shutterstock

PATO
Martin Spurny/Shutterstock/Imageplus

QUATI
Vladimir Wrangel/Shutterstock

RATO
Graham Taylor/Shutterstock/Imageplus

SAPO
Tom Reinchner/Shutterstock

Fabio Colombini/Arquivo da editora

Matt Gibson/Shutterstock

Karel Gallas/Shutterstock

Mari Swanepoel/Shutterstock

Testing/Shutterstock

Porawat Ruenroeng/Shutterstock

Luminaimages/Shutterstock

MARCHA CRIANÇA

1º ANO

JOÃO E O PÉ DE FEIJÃO

OS CONTOS DE FADAS ANTIGAMENTE ERAM TRANSMITIDOS DE FORMA ORAL, DE GERAÇÃO PARA GERAÇÃO. HOJE, MUITOS DELES JÁ SÃO ENCONTRADOS EM LIVROS, REVISTAS E ATÉ MESMO NA INTERNET. VOCÊ, POR EXEMPLO, TALVEZ JÁ TENHA LIDO OU OUVIDO ALGUNS DESSES CONTOS.

AGORA, IMAGINE COMO SERIA LEGAL SE VOCÊ PUDESSE ESCREVER, COM SUAS PRÓPRIAS PALAVRAS, UM CONTO DE FADAS? SIM, ISSO MESMO! AQUI VOCÊ TERÁ A OPORTUNIDADE DE REALIZAR ESSA FASCINANTE TAREFA.

DÊ ASAS À SUA IMAGINAÇÃO E BOM TRABALHO!

ESTE LIVRO FOI ESCRITO POR: ....

ESCOLA: ....

editora scipione

editora scipione

Diretoria editorial
Lidiane Vivaldini Olo

Gerência editorial
Luiz Tonolli

Editoria de Anos Iniciais
Tatiany Telles Renó

Edição
Miriam Mayumi Nakamura
Duda Albuquerque (DB Produções Editoriais)

Gerência de produção editorial
Ricardo de Gan Braga

Arte
Andréa Dellamagna (coord. de criação),
Gláucia Correa Koller (progr. visual de capa e miolo),
Leandro Hiroshi Kanno (coord. de arte) e
Fábio Cavalcante (editor de arte)

Revisão
Hélia de Jesus Gonsaga (ger.),
Rosângela Muricy (coord.),
Luís Maurício Boa Nova,
Vanessa de Paula Santos,
Brenda Morais e Gabriela Miragaia (estagiárias)

Ilustrações de capa e miolo
Fabiana Salomão

Av. das Nações Unidas, 7221, 3º andar, Setor D
Pinheiros – São Paulo – SP – CEP 05425-902
Tel.: 4003-3061
www.scipione.com.br / atendimento@scipione.com.br

2017

2ª edição
2ª impressão

Impressão e acabamento
Brasilform Editora e Ind. Gráfica

Era uma vez uma pobre
viúva e seu filho, chamado
João. Eles tinham uma
vaca leiteira...

E agora, o que faremos, meu filho?

Já tentamos tantas coisas e nada deu certo. Precisamos vender a vaca!

Mas esses não são feijões comuns! Se você plantá-los à noite, de manhã terão crescido até o céu.

Sim, é verdade! E se isso não acontecer, você pode pegar a sua vaca de volta.

Você nunca vai adivinhar, mamãe! Eu vendi a vaca por estes feijões mágicos.

Z z z Z z Z

Se não sair daqui logo, você é que vai virar comida. Meu marido detesta crianças!

Sinto cheiro de criança no ar. Onde ela está?

Fim